Buße und Beichte

BUSSE UND BEICHTE

Drittes Regensburger Ökumenisches Symposion

Herausgegeben im Auftrag der
Ökumenischen Kommission der deutschen Bischofskonferenz
Sektion Kirchen des Ostens

von Ernst Chr. Suttner

VERLAG FRIEDRICH PUSTET
REGENSBURG

ISBN 3-7917-0332-3

Gesamtherstellung Passavia Passau
Umschlag Manfred Sayer Stuttgart
Printed in Germany 1972

INHALT

Hermenegild M. Biedermann

BUSSE UND BEICHTE

Eine Besinnung zu Anfang

Das Thema Buße und Beichte soll eine ganz bestimmte Thematik größeren Umfangs aufgreifen. Es führt uns in den Raum der Sakramentenlehre, und damit ohne Zweifel zu einem legitimen Gesprächsthema zwischen den Kirchen. Denn die Frage nach den Sakramenten, nach den Mysterien Christi und seiner Kirche, bewegte und bewegt tatsächlich die Christenheit seit den Tagen der Apostel, und sie ist ein ökumenisches Problem in eminentem Sinn auch im 20. Jahrhundert. Nur mag einer vielleicht etwas verwundert fragen, wieweit speziell das gewöhnlich als viertes unter den sieben genannte Sakrament Gegenstand des Dialogs zwischen römisch-katholischen und orthodoxen Christen sein soll, da beide es anerkennen, beide ihm wesentlich den gleichen Inhalt zuteilen, beide es gleich begründen und nur in den Modalitäten der Verwaltung in etwa sich unterscheiden. Anders, so geht jedenfalls die Meinung, lägen die Dinge gegenüber den Kirchen der Reformation, die den sakramentalen Charakter der Beichte ablehnten und denen gegenüber darum die beiden »älteren« Kirchen eine gemeinsame Sache zu vertreten hätten.

Solche Überlegungen sind natürlich nicht einfach unberechtigt. Aber sie sind möglicherweise, ja sicher auch wieder zu eng, zu »konfessionalistisch« in einem überholten Sinn, weil sie an den kontroverstheologischen Streitpunkten zwischen »Bekenntnissen« ausgerichtet sind. Sie gründen in der Voraussetzung, das Verhältnis zwischen den Kirchen bestünde ausschließlich in Übereinstimmungen und Abweichungen hinsichtlich bestimmter Sätze und

Praktiken der Lehre und des Lebens. Sie übersehen, daß auch und gerade ein Gespräch über Gemeinsames zu neuen Einsichten und tieferen Vollzügen führen kann, weil gemeinsamer Besitz ja noch nicht gleiches Verständnis und gleiche Entfaltung bedeuten muß, vielleicht gar nicht bedeuten kann; wie Bergsteiger denselben Berg besteigen und gemeinsam sich seiner rühmen können und doch sehr Verschiedenes erleben und zu berichten haben, weil die einen von Süden und die anderen von Norden aufgebrochen sind. Wer den Berg kennen will, sollte besser beide Gruppen hören und ihre Einsichten und Erfahrungen zusammen sehen und – anerkennen. Im Falle des Berges ist das unbestritten, aber es fragt sich, ob das auch immer hinsichtlich der alle Höhen und Tiefen überschreitenden göttlichen Wahrheit so ist.

Es hat also Sinn, daß die Kirchen und ihre Theologen sich über ihren gemeinsamen Besitz austauschen. Wenn sie es ehrlich, unvoreingenommen und offen füreinander und für den Geist Gottes, der auch die je andere als Werkzeug seines Wirkens zum Heil benützen kann[1], tun wollen, werden sie am Ende nicht nur eine einzelne Wahrheit, nicht nur die andere Kirche, vielmehr auch sich selbst und ihr eigenes Kirche-sein tiefer erfassen. So werden alle durch das Gespräch bereichert. In diesem Sinn, und speziell im Blick auf die Ostkirchen, spricht jedenfalls für die römisch-katholische Kirche das Zweite Vatikanische Konzil[2], wobei wir zugeben müssen, daß der Weg der Theologien zu der gleichen Einsicht noch mit allerlei Hindernissen verbaut oder doch erschwert ist. Vielleicht könnte uns dieses Symposion voranführen, so daß wir das gemeinsame Gut, das Sakrament der Metanoia, der Buße, umfassender in sich und in seiner ekklesialen Bedeutung erkennen. Das wäre zuerst ein theologischer Gewinn, der dann auch die Praxis befruchten könnte und müßte.

Eine sicher notwendige Richtung der Besinnung und

[1] Vgl. Vatikanum II, Dekret über den Ökumenismus, Nr. 3.
[2] Ebd. Nr. 17.

damit möglicherweise der Erneuerung, wird – als erster Themenkreis – schon deutlich, wenn wir von den meist gebrauchten Bezeichnungen – μυστήριον τῆς μετανοίας, Sakrament der Buße – ausgehen. Das deutsche Wort »Buße« müssen wir dabei mit M. Luther[3], der es als Übersetzung für das biblische μετάνοια entscheidend in den kirchlichen Sprachgebrauch eingeführt hat, ganz im Sinn des letzteren verstehen. In der Verkündigung des Neuen Testamentes aber meint diese μετάνοια eine Verwandlung des ganzen Menschen: Änderung des Sinnes, der Art zu denken, zu urteilen, und ebenso Änderung des ganzen Lebens: Umkehr also von verkehrten Wegen, die von Gott weg führen und Aufbruch zu neuen Wegen hin zu Gott und darum zugleich zu gott-gemäßem Leben.

Metanoia erscheint schon in der Predigt des Johannes, dann erst recht in der des Herrn und seiner Apostel als die unabdingbare Voraussetzung, um an der Basileia (βασιλεία τοῦ θεοῦ) Gottes teihaben zu können. Sie fordert zwar das radikale Ja des Menschen, aber sie ist zugleich und zuerst Tat Gottes, der sie als Gnade schenkt, und wird erst in ihr und durch sie zur Tat auch des Menschen. Im Evangelium wie bei Paulus ist die enge Verbindung zwischen Umkehr in diesem Sinn und Glauben an den Herrn und an das Heil Gottes durch ihn, die einander bedingen, voraussetzen und einschließen, an keiner Stelle zu übersehen. Metanoia ist also der Name für ein ganz und gar zentrales Ereignis im Leben des Menschen, geht auf das Wesen des Heilsgeschehens unmittelbar und umfängt und bestimmt das christliche Dasein von seinem innersten Kern bis zu seinen entferntesten Rändern. Es wäre ein verhängnisvolles Mißverständnis, das Schwergewicht der »Buße« auf äußere Bußwerke legen zu wollen. Eine eindringliche Warnung davor müßte zum Beispiel das Gleichnis bei Lk 18, gewöhnlich »vom Pharisäer und Zöllner« genannt, vielleicht aber auch das andere vom verlorenen Sohn bei

[3] Vgl. Weimarer Ausgabe I, 530 (u. 525 ff).

Lk 15 im Wort an den älteren Bruder sein. Es geht deshalb zuerst um die Besinnung auf den vollen Inhalt dessen, was μετάνοια in den Zeugnissen der Offenbarung, aber auch in der Überlieferung der Kirche von den Vätern bis heute aussagen will; sodann um eine Rechenschaft darüber, ob unser modernes Verständnis des Wortes noch mit der Forderung des Herrn übereinstimmt, ob wir Christen und ob unsere Kirchen als sichtbare Gemeinschaften noch Menschen und Gemeinschaften der Umkehr, der μετάνοια und Buße sind. Eine solche Besinnung ist keine Anmaßung, die Rechenschaft wird nicht zu selbstgerechtem Urteil über unsere oder die anderen Kirchen, wenn wir, wie es notwendig ist, keinen Augenblick vergessen, daß es um *unser* Verständnis und um *unser* Zeugnis geht, die sich im Leben und in der Erscheinung unserer Kirchen darstellen.

Eine Frage ist in diesem Zusammenhang – und damit eröffnet sich eine zweite Thematik – gleich mitzubedenken: Wie verhalten sich ganz konkret die Metanoia des Evangeliums und das von der Kirche verwaltete Sakrament der Metanoia zueinander? Die frühe Christenheit war von dieser Frage zutiefst betroffen. Das ganze Ringen um die Einmaligkeit oder Wiederholbarkeit der »Buße« gibt Zeugnis davon, fast noch mehr der Streit um die Behandlung der sogenannten lapsi. Scharf formuliert der Hebräerbrief (6, 4): »Es ist ja unmöglich, daß jene, die einmal erleuchtet waren, von der himmlischen Gabe genossen hatten, Teilhaber des Hl. Geistes geworden waren, das gute Wort Gottes und die Kräfte des kommenden Aions erfahren hatten und die abgefallen sind, zur Metanoia wieder erneuert werden.« Die Kirche aber hat sich auf ihrem Weg mit dem Menschen zuletzt in Ost und West gleicherweise dahin entschieden, daß ihr die Vollmacht vom Herrn gegeben sei, jede Sünde nachzulassen wie auch den Sünder zu wiederholter Buße anzunehmen. Wir glauben, daß die Kirche bei dieser Entscheidung vom Geiste Gottes und des Evangeliums geleitet wurde. Weil wir um unsere und unserer christlichen Mitpilger Sünde gegen die Radikalität der Metanoiaforderung wissen, sind wir dankbar dafür.

Dennoch besteht die Frage weiter; an die Vorsteher der Kirchen und auch an uns Theologen gerichtet, ist es die Frage, ob die Verkündigung der Umkehr gemäß dem Evangelium, auf deren Inhalt wir uns eben erst noch einmal besinnen wollten, nicht zu kurz gekommen ist im Laufe der Geschichte, und, vor allem, ob sie nicht zu kurz kommt in der uns aufgegebenen Gegenwart. Denn es kann kein aggiornamento geben, das uns erlaubte, das Wort des Herrn zu verkürzen, es seiner Fülle zu entleeren, es seinem Gewicht nach abzuschwächen. Genau das aber muß dort eintreten, wo die dem *Sakrament* zugeordnete Metanoia oder Buße einseitig betont, die umfassendere Umkehr des ganzen *Lebens* als das Vollkommene, die Normalmaße des Christlichen Übersteigende und darum als das nicht alle und jeden Angehende, Verpflichtende hingestellt würde. Auch dort wäre diese Untreue mitgegeben, wo man in der Seelsorge einseitig und unverhältnismäßig die schon erwähnten zählbaren und wägbaren Werke der Buße, die Einzelübungen und Sonderleistungen des Büßers heraushöbe und so die vielen Christen von der wahren Änderung des Herzens entlastete und entschuldigte. Es ist nicht nur die Gefahr des einzelnen, sondern auch der Kirchen, in einem bestimmten Zeit, in einem bestimmten Volke, unter einer bestimmten Situation solcherart sich selbst und die Menschen in ihnen zu rechtfertigen. Denn Kirche ist nicht nur das Geheimnis Gottes mit den Menschen – sie ist es ganz und gar, und insofern ist sie immer heilig, die makellose Braut des Lammes –, sondern sie ist auch die Schwachheit der Menschen vor Gott, die immer neu durch den Sieg der Gnade überwunden wird, gemäß dem Wort des Apostels: »Die Kraft kommt in der Schwachheit zur Vollendung« (2 Kor 12, 9).

Ein anderes Problem, das mit dem eben angedeuteten eng verbunden ist und das es immer wieder anzugehen gilt, ist die Neigung des Menschen, Buße und Umkehr wie religiöses Leben überhaupt in die Kategorien des *Rechts* einzubringen. Bußkanones der frühen Kirche in Ost und West, die Bußbücher des Mittlalters, die von den britischen Inseln aus das ganze Abendland eroberten, sind sprechende Zeugnisse dieser Neigung. Die kirchliche Strafgesetzgebung ist davon mitbestimmt, und das katholische Ablaßwesen lebte daraus in hohem Grad. Natürlich wußte man immer, daß man Metanoia nicht mit juristischen oder kanonistischen Maßstäben messen kann. Christi Wort im Evangelium, die Verkündigung der Freiheit durch Paulus sprechen eine zu deutliche Sprache. Das religiöse Sicherheitsverlangen auf seiten der Gläubigen, sich des Heils zu vergewissern, zusammen mit der Versuchung eines hierarchischen Autoritätsdenkens und der Notwendigkeit, die kirchliche Gemeinschaft nach innen zu lehren und zu leiten und nach außen zu schützen und zu sichern, verführte Hierarchen und Theologen dennoch zu juridischen Antworten, zu Gesetzen und Abmessungen auf einem Gebiet, wo alle menschlichen Faustregeln und Maßstäbe unzuständig sein müssen. Darüber können auch saubere theologische Deutungen nicht hinweghelfen. Weil sie vom christlichen Volk nicht mitvollzogen werden, vielleicht gar nicht mitvollzogen werden können, sind sie eher Selbsttäuschungen der verantwortlichen Männer. Christus hat die Metanoia dem ganzen Volk verkündet, ihr Verständnis darum nicht als Reservat den Theologen mit und ohne Leitungsamt hinterlassen. Das wäre also noch einmal Grund, uns über den Charakter, über die rechte Art und Weise Gedanken zu machen, wie wir heute die Botschaft Christi von der *Umkehr des ganzen Seins und Lebens* unmißverständlich und glaubhaft zugleich an die Menschen heranbringen können.

Als *dritter* Themenkreis schließlich stehen die Fragen um das *Sakrament* im eigentlichen Sinn an, und auch sie verlangen dringlich nach einer Erhellung für unsere Zeit, soll das Bußsakrament an den heutigen Menschen seine volle Fruchtbarkeit entfalten. Es geht um die Struktur, den inneren Aufbau, um die Verwaltung des Sakraments, und nicht zuletzt um seinen Sitz im Leben des Christenmenschen in dieser Zeit.

Zunächst stoßen wir, auch im zwischenkirchlichen Gespräch, auf die *Strukturfragen.* Welche Akte konstituieren das Sakrament? Die katholische Katechese spricht gewöhnlich von fünf »Stücken«, die freilich nur als eine Einheit gesehen werden könnten: Gewissenserforschung, Reue, Vorsatz, Sündenbekenntnis, »Buße« oder Genugtuung. Die Schultheologie der Orthodoxie zeigt im wesentlichen die gleichen Elemente, wenn auch teilweise mit anderer Akzentsetzung. Deutlich sind in beiden Kirchen pastorale Handreichungen intendiert, sicher legitimerweise. Aber schon in dieser Aufreihung wird eine Gefahr sichtbar: Gewissenserforschung *und* Sündenbekenntnis betonen zusammen den gleichsam negativen Aspekt, fixieren die Aufmerksamkeit des Pönitenten auf Sünde und möglicherweise Sündenangst, unter Umständen so sehr, daß die Akte der Umkehr, hier angesprochen als Reue und Vorsatz, nicht mehr recht zum Tragen kommen wollen. Erstere werden, kraft der Dynamik psychologischer Gesetze, intentional und oft auch zeitlich einen so breiten Raum einnehmen, daß die Verpflichtung und der Entschluß zur notwendigen Umorientierung des Lebens allzu leicht und allzu oft nicht mehr genügend ins Bewußtsein treten. Das Sakrament wird dann nur noch gesehen als Mittel zur Befreiung von der Schuld der Vergangenheit, zuweilen schon wie ein fast magisches »Seelenbad«. Es kann freilich auch der umgekehrte Effekt eintreten: Aus Scheu oder Ablehnung einer Selbstkonfrontierung oder aber aus Auflehnung gegen die Forderung einer Selbstanklage vor der Kirche und vor dem Priester wird das Sakrament gemieden oder einfach verworfen. Eine weitere Gefährdung des Mysteriums und des Menschen tritt ein, wenn die Selbstprüfung zur Selbstrechtfertigung, das Bekenntnis zur Heuchelei wird. Vollends wird das Sakrament in sich fragwürdig oder schon sinnlos, wo die Wirklichkeit der Sünde nicht mehr ernstgenommen, Schuld und Verantwortung als religiöse Kategorien überhaupt negiert werden.

Nun ist auf der anderen Seite nicht zu übersehen, daß bereits die Bibel eine Verbindung zwischen Umkehr und Sündenbekenntnis ausweist. Nach Mk 1, 4.5 verkündete Johannes eine »Taufe der Umkehr zur Nachlassung der Sünden; und das ganze Land Judäa und alle Einwohner von Jerusalem gingen zu ihm hinaus, bekannten ihre Sünden und ließen sich von ihm im Jordan taufen«. Im gleichen Sinn berichtet Mt 3, 2. 6. Und auch die Termini sind schon dieselben: μετάνοια, ἐξομολογεῖσθαι. Vom Bekenntnis der Sünden hören wir darum auch in den apostolischen Schriften, Apg 19, 18 oder Jak 5, 16, ebenso in den ältesten Urkunden christlichen Lebens, etwa der Didache 4, 14 oder im 1 Clem 51, 3. Allerdings ist in diesen frühesten Zeugnissen vom Bekenntnis voreinander beziehungsweise in der Gemeinde die Rede. Die Nachrichten von der Übung einer Selbstanklage häufen sich vor allem seit dem 4. Jahrhundert in der Mönchsliteratur; diese Selbstanklage geschieht in der Regel vor dem geistlichen Führer des Mönchs. Um die Jahrtausendwende erfahren wir von einer heftigen Kontroverse um die Frage, wer überhaupt die Vollmacht der Sündenvergebung in der Kirche habe: der Amtsträger kraft seines Amtes oder der Mönch kraft des Geistbesitzes. Symeon der Neue Theologe tritt unter Berufung auf Joh 20, 22. 23 in scharfer Sprache für den πνευματικός als alleiniger Inhaber der Vollmacht ein; auf ihn sei sie übergegangen, als die Bischöfe und Priester ihrer Berufung nicht mehr entsprachen.[4] Ohne Zweifel war das Mönchtum an der Entwicklung einer »Beichtpraxis« im eigentlichen Sinn stark beteiligt.[5] Kannte man in den

[4] Vgl. seine *Rede über die Beichte,* in: *K. Holl,* Enthusiasmus und Bußgewalt beim griechischen Mönchtum, Leipzig 1898, 122 bis 124.

[5] Vgl. z. B. Basilius, Reg. br. tract. qu. 288, Patrologia Graeca (PG) 31, 1283 und Reg. fus. tract., ebd. 986.

ersten Jahrhunderten nur das Bekenntnis der Sünden, die vom Heil und der Heilsgemeinde ausschlossen, deren Vergebung darum die Voraussetzung für die Wiederaufnahme in die Gemeinschaft und für die Zulassung zu den Heilsgütern war, so wurde in der Praxis des Mönchslebens das Bekenntnis auch auf die »Sünden des Alltags«, nicht zuletzt auf die »inneren Sünden« ausgedehnt. Es wurde zu einem Mittel der Selbstprüfung und der Seelenführung, stand also auf seine Weise und von seinem Grundverständnis her sicher im Dienst der μετάνοια, der conversio. Daß auch fromme Weltleute unter der Leitung »geistlicher Väter« aus dem Mönchtum sich ihrer bedienten, kann nicht wundernehmen.

Die Auffassung Symeons konnte sich im Osten nicht durchsetzen und ebensowenig die sogenannte *Laienbeichte*[6] – hier verstanden als Notlösung bei Unerreichbarkeit eines Priesters – des lateinischen Westens, obwohl selbst ein Albertus Magnus ihr sakramentalen Charakter zuerkennen wollte. Die Verwaltung der Sündenvergebungsvollmacht stand und steht im Grunde beim Bischofsamt, nach orthodoxer wie nach katholischer Überlieferung. Ohne die Rechtmäßigkeit dieser Überlieferung in Frage zu stellen, wird man aber doch anmerken dürfen, daß die dafür in der Regel angeführten biblischen Aussagen Mt 18, 18 und Joh 20, 22f mehr von der Vollmacht der Kirche als solcher zu sprechen scheinen. Die Zuständigkeit der Bischöfe im besonderen wird dadurch nicht abgeschwächt, sondern ist Ausfluß ihres Auftrags in der Kirche und für die Kirche. In ihrem Auftrag handeln die Priester als »Beichtväter«, als πατέρες πνευματικοί. Und auch in dieser Bezeichnung wird noch einmal das Bekenntnis im Gesamtvollzug des Sakramentes unterstrichen, wenn von einer richterlichen Entscheidung des Beichtvaters gesprochen wird, wie es die Theologie und die pastorale Überlieferung in Ost und West, besonders im Anschluß an Joh 20, 23, gleicher-

6 Vgl. K. Rahner in Lexikon f. Theol. u. Kirche (LThK) 6, 741 und die dort angegebene Literatur.

weise tun. Fragen der Exegese und der theologischen Folgerungen, die sich hinsichtlich aller der hier traditionell herangezogenen Texte stellen, sind heute im ökumenischen Kontext neu zu überdenken.

Im Blick auf das Ziel des Symposions könnte ein Austausch über den Inhalt und Umfang des Bekenntnisses in Ost und West anregend wirken. Es ist bekannt, daß dieses Thema in der katholischen Theologie allgemein und besonders in der Pastoral neuestens wieder in Fluß gekommen ist. Vertiefte Einsichten in den Bereichen der Anthropologie und der Psychologie, zugleich aber auch vielfache Überlegungen aufgrund der Bibelexegese und der Väterüberlieferung lassen eine Überprüfung der herkömmlichen Praxis für viele notwendig erscheinen. Daß auch die weitere Frage nach der Zuständigkeit der Kirche hinsichtlich der Bestimmung des Umfangs und der Form des Bekenntnisses in die Besinnung einbezogen wird, ist selbstverständlich, angesichts der nach Zeiten und Räumen unterschiedlichen und sich wandelnden Weisen dieses Bekenntnisses. Es geht dabei nicht um eine Bestreitung dieser Zuständigkeit, sondern um eine Erhellung für das Bewußtsein des Christen unserer Tage. Die Praxis der Orthodoxie interessiert darum den katholischen Theologen nicht nur theoretisch; er erhofft sich von den Erfahrungen der anderen Tradition mindestens fruchtbare Denkanstöße im Mühen um eine Bereicherung des eigenen Verständnisses und um eine Vertiefung des eigenen sakramentalen Tuns. Und er wäre dankbar, könnten seine eigenen Überlegungen anregend für den Osten wirken.

Traditionellerweise wird in der Kontroverstheologie auch über die Frage der sogenannten »sakramentalen Genugtuung« in der lateinischen und der ἐπιτίμια in der orthodoxen Praxis gehandelt, wenigstens in den theologischen Handbüchern des Ostens. Die Sache selbst erhält dabei leicht ein Gewicht, das ihr an sich nicht zukommt, da hier wie dort darin kein eigentlich konstitutives Element des sakramentalen Vollzugs gesehen wird. Allerdings steht, daran müssen wir uns erinnern, das katholische Verständnis der sakramentalen Genugtuung in einer ziemlich engen Beziehung zur Lehre und Übung des Ablasses. Die orthodoxe Zurückhaltung ist darum einmal aus einem anderen ekklesiologischen Ansatz zu verstehen, dann aber auch aus der Sorge um die Konsequenzen in der Eschatologie, vor allem in der lateinischen Lehre vom Läuterungszustand. Was also von der Sache her leicht beiseite gelassen werden könnte, wird bei Überbetonung in den Folgerungen vielleicht bedenklich erscheinen. Dieser Hinweis möchte freilich nicht als ein Plädoyer für eine besonders eingehende Diskussion dieses Punktes verstanden werden. Ich hielte sie, auf das Sakrament isoliert bezogen, eher für unfruchtbar.

Viel wichtiger möchte mir ein Gespräch erscheinen über die tatsächliche Bedeutung, die Theologie und christliches Leben dem Sakrament der Metanoia zuerkennen. Ich darf kurz aufzeigen, was ich meine. Im Westen beherrschte bis vor kurzem die Devotionsbeichte die Praxis der religiös anspruchsvolleren, zum Teil auch lebendigeren Kreise; ihr stand die andere Praxis einer Beichte nur der sogenannten Todsünden, durch Kirchengebot wenigstens einmal im Jahr streng gefordert, gegenüber. Die Entwicklung der jüngsten Zeit führte zu einem Rückgang der Andachtsbeichte und zu einer neuen Betonung der sündentilgenden Kraft der Eucharistie und der tätigen Nächstenliebe, durchaus im Sinne der Vätertheologie, und sicher aus dem Geist des Evangeliums. Hatte schon vorher eine häufigere Teilnahme an der Kommunion – seit Pius X. und noch mehr seit dem liturgischen Aufbruch in den zwanziger Jahren – das katholische Gemeindeleben ziemlich stark geprägt, so gilt dies seither eher in einem noch höheren Maße, und zwar auch aus einem erneuerten Verständnis der Metanoia: Eucharistie und Kommunion werden gesehen als Ausdruck der Hinwendung zum Vater *und* zum Mitmenschen durch Christus im Heiligen Geist, das heißt sie werden Mittel der Umkehr und zugleich ihre vollkommenste

Verwirklichung. Man will sich dafür gern auf die paulinische Theologie berufen: auf 1 Kor 10, 16. 17 und noch mehr auf das folgende elfte Kapitel des gleichen Briefes mit seiner eindrucksvollen Kritik des Gemeindelebens angesichts des Mangels an der Bruderliebe bei der Feier des Herrenmahles. Solche Berufung hat durchaus ihre Berechtigung, wenn freilich auf der anderen Seite gar nicht eindringlich genug vor erneuter Vereinseitigung und damit Verarmung christlichen Lebens, des einzelnen wie der Gemeinschaft, gewarnt werden kann.

Die Orthodoxie hat, soweit mir bekannt ist, zu keiner Zeit eine Praxis befolgt, die der Übung der Devotionsbeichte und der damit eng verbundenen täglichen oder häufigen Kommunion entspräche. Dennoch sind auch in ihrer Seelsorge und in ihrem Gemeindeleben, wenigstens in der neueren Überlieferung, Bußsakrament und Kommunionempfang offenbar fest verknüpft, und zwar ebenso nach der Auffassung der Seelsorger und Theologen wie im Verhalten der Gläubigen. Nach manchen Aussagen scheint faktisch der gleiche Grundsatz zu gelten, der einmal auch von vielen Katholiken beobachtet wurde: »Ungebeichtet« darf der Christ nicht zur hl. Kommunion gehen. Aus Gesprächen wie aus literarischen Zeugnissen gewinnt man fast den Eindruck, als bestünde für die meisten eine Art Beziehungskette: Fasten und Feste – Beichte und Kommunion. Man wird annehmen dürfen oder müssen, daß diese Praxis der Orthodoxie für das christliche Leben des einzelnen wie der Gemeinde und der Ortskirche bestimmte Auswirkungen hat, genau wie das auch von der andersartigen Praxis der katholischen Kirche gilt.

Ich bin mir klar darüber, daß ich in dieser Gegenüberstellung eine wahrscheinlich allzu große Schematisierung vorgenommen habe. Worauf es mir allein ankommt, ist wiederum dieses: einen offenen gegenseitigen Austausch der theologischen Überlegungen und der pastoralen Erfahrungen anzuregen. Wir haben zum Beispiel im katholischen Bereich sehr deutlich einiges über Möglichkeiten und Grenzen der Devotionsbeichte in der gegenwärtigen Situation erkannt. Vertiefung und Verflachung scheinen gegeben, Förderung der religiös Wachen und Schablonisierung in breiten Schichten eines Traditionschristentums stehen nebeneinander. Allerdings wird man zugeben müssen, daß eine gerechte Urteilsfindung gerade jetzt durch die persönliche Betroffenheit vieler im katholischen Lager stark erschwert ist; besonders die positiven Züge der Entwicklung in unserem Jahrhundert mögen dadurch manche Unterbewertung erfahren. Einstweilen fehlt vor allem noch jede Gegenkontrolle, ob nämlich die volle Metanoia, die Umkehr des Christenmenschen im Sinne des Evangeliums Christi, durch die Abkehr von der Devotionsbeichte eine größere Chance haben wird, wie zuweilen fast zu laut verkündet wird.

Ich glaube aber, daß eben deshalb unsere Frage an unsere orthodoxen Mitchristen um so mehr dahin geht, zu erfahren, wie sie die andersartigen Entwicklungen in ihren eigenen Ortskirchen und in der Gesamtorthodoxie sehen, welche Erfahrungen für die religiöse Praxis sie aus ihnen ableiten, welche Hilfen und auch welche Hindernisse der immer geforderten Erneuerung des christlichen Lebens sie darin zu sehen meinen. Gerade das erscheint mir als notwendig und als hilfreich, daß wir uns im Dienst der einen Kirche Jesu Christi und auf dem Weg zu ihrer immer vollkommeneren Verwirklichung für alle Menschen offen und aufrichtig dort austauschen, wo wir auf je verschiedene Weise, doch ehrlichen Herzens, versuchen, der Heilseinladung durch Christus zu antworten, sein Heilsangebot in Wort und Sakrament anzunehmen und so für uns und die Welt fruchtbar werden zu lassen.

Joseph Ratzinger

METANOIA ALS GRUNDBEFINDLICHKEIT CHRISTLICHER EXISTENZ

Einleitung: Das Problem

Wenn man das Wort Metanoia übersetzen soll, gerät man sogleich in Verlegenheit: Sinnesänderung, Umdenken, Reue, Buße, Umkehr, Bekehrung bieten sich an, aber keines dieser Wörter schöpft den Gehalt des ursprünglich Gemeinten aus, wenn auch Umkehr, Be-kehrung am meisten den radikalen Charakter dessen erkennbar machen, worum es hier geht: einen Vorgang, der die ganze Existenz und der die Existenz ganz, das heißt endgültig, in der Ganzheit ihrer zeitlichen Erstreckung betrifft und weit mehr als bloß einen einzelnen oder auch wiederholten Akt des Denkens, des Fühlens oder des Wollens meint. Vielleicht hängt die Schwierigkeit der sprachlichen Dolmetschung doch auch damit zusammen, daß uns die gemeinte Sache fremd geworden ist, sich uns nur noch in versprengten Einzelstücken, aber nicht mehr als umfassende Ganzheit zeigt. Und auch den einzelnen Stücken gegenüber, die geblieben sind, gibt es eine merkwürdige Fremdheit. Zwar wird heute kaum noch jemand Nietzsches Satz nachsprechen: » ›Sünde‹ ist ein jüdisches Gefühl und eine jüdische Erfindung und in Hinsicht auf diesen Hintergrund ... war in der Tat das Christentum darauf aus, die ganze Welt zu ›verjüdeln‹. Bis zu welchem Grade ihm dies in Europa gelungen ist, das spürt man am feinsten an dem Grad von Fremdheit, den das griechische Altertum – eine Welt ohne Sündengefühle – immer noch für unsere Empfindung hat ... ›Nur wenn du *bereuest*, ist Gott dir gnädig‹ – das ist einem Griechen ein Gelächter und ein Ärgernis ...«[1]

[1] Die fröhliche Wissenschaft II, 135.

Aber wenn schon diese Verhöhnung des Gedankens von Sünde und Reue als jüdisch aus begreiflichen Gründen außer Kurs gekommen ist, so waltet das darin bestimmende Grundgefühl auch heute noch mit unveränderter Kraft. Ein zweiter Nietzschetext, den ich in diesem Zusammenhang anführen möchte, könnte fast ebensogut bei irgendeinem modernen Theologen stehen: »In der ganzen Psychologie des ›Evangeliums‹ fehlt der Begriff Schuld und Strafe ..., die ›Sünde‹, jedwedes Distanzverhältnis zwischen Gott und Mensch ist abgeschafft – eben das ist die ›Frohe Botschaft‹.«[2]

Der Versuch, dem Christentum eine neue Werbekraft zu geben, indem man es in ein ungeteilt positives Verhältnis zur Welt setzt, ja, es als Bekehrung zur Welt schildert, entspricht unserem Lebensgefühl und breitet sich daher immer weiter aus. Manche falsche Sündenangst, die von einer engherzigen Moraltheologie geschaffen und von der Seelsorge wohl nicht ganz selten genährt und ausgebreitet wurde, rächt sich heute und läßt vielen das Christentum der Vergangenheit als Quälerei erscheinen, die den Menschen fortwährend in Konflikt mit sich selbst versetzte, anstatt ihn freizugeben in die offene und angstlose Kooperation mit allen Gutwilligen hinein. Fast möchte man sagen, die Worte Sünde – Reue – Buße gehörten zu jenen neuen Tabus, mit denen sich das moderne Bewußtsein vor der Macht jener dunklen Fragen schützt, die seinem selbstgewissen Pragmatismus gefährlich werden könnten.

Freilich hat sich auch hier das Panorama in den letzten drei bis vier Jahren schon wieder verändert. Jener allzu arglose Progressismus der ersten Nachkonzilsjahre, der sich fröhlich in die Solidarität mit allem Modernen, Fortschritt Verheißenden begab und mit dem bemühten Eifer des Musterschülers die Vereinbarkeit des Christlichen mit allem Modernen nachzuweisen, die Loyalität der Christen zu den Tendenzen heutigen Lebens darzustellen

[2] Der Antichrist 33.

strebte – jener Progressismus ist heute bereits in den Verdacht geraten, nur eine Apotheose spätkapitalistischer Bürgerlichkeit zu sein, der er einen religiösen Schimmer beilegt, anstatt sie kritisch zu destruieren. Zwar wird hier ein verhältnismäßig bescheidener kleiner Dämon durch sieben von hinten einsteigende schlimmere ersetzt, dennoch kann die Desillusionierung heilsam sein. Denn im grellen Blitz des mit solcher Kritik aufgezogenen Gewitters wird immerhin unübersehbar klar, daß die Existenz des Menschen und seine Welt gar nicht so freundlich ruhig im Fortschreiten sind, daß man sich schlicht zu eben dieser Welt bekehren könnte – um ihr zu dienen, muß man sie kritisieren, muß man sie verändern. Ein Christentum, das seine Aufgabe nur noch darin sieht, sich allenthalben fromm auf der Höhe der Zeit zu erweisen, hat nichts zu sagen und nichts zu bedeuten. Es kann ruhig abtreten. Die wach in der Welt von heute Lebenden, die ihre Widersprüche und ihre zerstörerischen Tendenzen erkennen – von der Selbstaufhebung der Technik in der Umweltzerstörung bis zur Selbstaufhebung der Gesellschaft in Rassen- und Klassenproblemen –, die erwarten nicht christliche Bestätigungen, sondern das prophetische Salz, das brennt, verbrennt, anklagt und ändert. Damit ist immerhin ein Grundaspekt von Metanoia in das Gesichtsfeld gerückt – denn sie verlangt Änderung des Menschen, damit Heil werde. Nicht die Ideologie der Anpassung rettet das Christentum, die auch da noch wirksam ist, wo in anbiederischem Eifer oder mit verspätetem Mut jene Institutionen kritisiert werden, die ohnedies machtlos und gleichsam zum Speikübel der Weltöffentlichkeit geworden sind (womit sie im übrigen wieder in das apostolische Modell eintreten: 1 Kor 4, 13[3]); was ihm helfen kann, ist allein der prophetische Mut, seine eigene Stimme gerade in dieser Stunde entschlossen und unverwechselbar zur Geltung zu bringen.

[3] Vgl. H. U. v. Balthasar, Klarstellungen (Freiburg 1971), 94–99.

Wenn hier die soziale und öffentliche Komponente von Metanoia anfängt, wieder in den Blick zu kommen, so fehlt es auch nicht an Zeichen, die die Unausweichlichkeit der Umkehr, der Be-kehrung und ihrer sichtbaren Zeichen im Einzelmenschen wieder zur Geltung bringen. In der Nähe des protestantischen Christentums hat Frank Buchmann für die von ihm gegründete Bewegung der moralischen Aufrüstung die Notwendigkeit des Bekenntnisses als Akt des Freiwerdens, des Neuwerdens, des Weggehens von der Vergangenheit, von der zerstörerischen Verschließung der Schuld ins Eigene hinein neu entdeckt; im säkularen Bereich ist auf ihre Art die Psychotherapie darauf gestoßen, daß unbewältigte Schuld den Menschen spaltet, seelisch und zuletzt auch körperlich zerstört und daß es Bewältigung nicht gibt ohne das Gegenüber, das das Verdrängte und von innen heraus Schwärende ins Bekenntnis hinein löst: Die zunehmende Zahl solcher säkularer Beichtväter sollte auch einem Blinden zeigen, daß Sünde keine jüdische Erfindung, sondern die Last aller Menschen ist. Die wahre Last, von der sie zumeist befreit werden müssen, wenn sie frei werden wollen und sollen.

Zur biblischen Grundbedeutung von Metanoia

Angesichts solcher profaner Teilstücke des Grundverhalts Metanoia, die nun allenthalben vor unseren Augen auftreten, wird erst recht die Frage dringend, was nun eigentlich christliche Metanoia meint. Das Symposion, dem dieses Referat zugehört, entfaltet diese Frage in ihre einzelnen Teilaspekte; hier kann nur ein erster Umriß um die geistige Gestalt versucht werden. Nietzsche hatte, wie wir hörten, Sünde und Reue als etwas typisch Jüdisches hingestellt, dem gegenüber er dem Griechen den edlen Mut zuschreibt, auch den Frevel schön zu finden und Reue für lächerlich zu halten. Die griechische Tragödie, die er als Beleg dafür nennt, beweist dem näher Zusehenden das

Gegenteil: den Schauder vor der Macht des Fluchs, den selbst die Götter nicht zu wenden vermögen.[4] Wer nur einen Blick in die Religionsgeschichte wirft, wird erkennen, wie sehr sie von dem Thema Schuld und Sühne beherrscht ist; in welch abstrusen und oft auch unheimlichen Versuchen Menschen sich von dem lastenden Gefühl der Schuld zu reinigen versucht haben, ohne wirklich frei werden zu können. Um das Besondere der biblischen Metanoia in den Blick zu bringen, seien hier nur zwei kleine Beobachtungen versucht. Im klassischen und hellenistischen Griechisch hat das Wort Metanoia keine deutliche Physiognomie gewonnen. Das Verbum μετανοεῖν bedeutet »hinterdrein bemerken, seinen Sinn ändern, bedauern, Reue empfinden, bereuen«; das Substantiv heißt dementsprechend »Sinnesänderung, Bedauern, Reue«. »An eine Änderung der ganzen sittlichen Haltung, einen durchgreifenden Wandel der Lebensrichtung, eine Umkehr, die das Gesamtverhalten fortan bestimmt, denkt das Griechentum bei μετάνοια nicht. Der Grieche kann wie vor sich selbst so auch vor den Göttern eine Sünde in actu μετανοεῖν ..., eine μετάνοια als Buße oder Bekehrung im Sinn des Alten und Neuen Testaments ... kennt er nicht.«[5] Die einzelnen Akte der Metanoia bleiben Einzelakte des Bereuens, des Bedauerns; sie sammeln sich nicht zu dem einen Ganzen, der einen bleibenden, umfassenden Wende des ganzen Daseins in einen neuen Weg hinein: Metanoia bleibt Reue, wird nicht Bekehrung. Daß das ganze Dasein *als* Ganzes der einen, einigen Bekehrung bedarf, um es selbst zu werden, wird nicht sichtbar. Vielleicht darf man sagen, daß im stillen hier der Unterschied von Polytheismus und Monotheismus mitwirkt: Das Dasein, das auf viele göttliche Mächte ver-

[4] Vgl. z. B. die tiefgehenden Analysen bei G. Murray, Euripides und seine Zeit (Darmstadt 1957); H. U. v. Balthasar, Herrlichkeit III 1 (Einsiedeln 1965), 94–142.

[5] J. Behm, μετανοέω, μετάνοια, in: Theol. Wörterb. z. NT (ThWNT) 972–1004, Zitat 975 f; zur Wortbedeutung bes. 972–975.

wiesen ist, in ihrem Gewirr und Gegeneinander sich selbst zu behaupten versucht, bleibt ein vielfältiges Spiel mit den herrschenden Kräften, während der eine Gott zu dem einen Weg wird, der den Menschen vor das Ja oder Nein von Kehr oder Abkehr setzt, sein Dasein sammelt in einen einzigen Ruf hinein.

Hier drängt sich ein Einwand auf, der zugleich das Gemeinte weiter verdeutlichen kann. Denn man könnte sagen, die bisherige Argumentation treffe nur zu, solange man sich ausschließlich an das Wortfeld μετάνοια—μετανοεῖν halte, sie werde aber hinfällig, wenn man das griechische Wort für Bekehrung, nämlich ἐπιστροφή — ἐπιστρέφειν einbeziehe (die Septuaginta hat ganz sinngemäß dieses Wort meist für das hebräische šûb eingesetzt).[6] Platon bezeichnet mit dem Wort στρέφειν die kreisförmige Bewegung, das heißt die vollkommene Bewegung, die den Göttern, dem Himmel und der Welt eignet. Der Kreis, zunächst ein kosmisches Zeichen, wird damit zugleich zum existenzialen Symbol: zum Zeichen für die Rückkehr der Existenz zu sich selbst. Aus solchem Ursprung heraus wird in der Stoa und im Neuplatonismus ἐπιστροφή, Kehr zur Einheit des Wirklichen, Einschwingen in die große Kreisgestalt der Welt, zum zentralen sittlichen Postulat.[7] Damit ist die Einsicht gewonnen, daß der Mensch, um wahrhaft zu sich selbst zu finden, als ganzer der umfassenden Bewegung der Umkehr und Einkehr bedarf, die als bleibender

[6] Behm, 985 ff. Die Bedeutung dieses Sachverhalts ist freilich bei Behm nicht gesehen, dessen ganze Darstellung im Bann der Gegensatzschemata biblisch-griechisch, gesetzlich-prophetisch, kultisch-religiös (personal) verbleibt und so trotz umfassender Materialdarbietung in den Wertungen wie in der Einordnung der Phänomene fragwürdig ist. Einfach übernommen ist die Schematik von Behms Artikel bei P. Hoffmann, Umkehr, in: H. Fries, Handbuch theologischer Grundbegriffe II (München 1963), 719–724.

[7] Vgl. die sorgfältigen Ausführungen von P. Hadot, Conversio, in: J. Ritter, Hist. Wörterbuch der Philosophie I (Stuttgart 1971), 1033–1036.

Auftrag der Bekehrung ihn herausfordert, sein Leben aus der Zerstreuung ins Äußere zu sammeln in die Innerlichkeit hinein, in der die Wahrheit wohnt. Meines Erachtens braucht man durchaus nicht aus einer falschen Sorge um die Originalität der Bibel heraus oder gar von einer naiven Entgegensetzung von biblischem und griechischem Denken her zu leugnen, daß hier philosophisches Denken auf dem Weg zu christlichem Glauben ist und eine Formel bereitstellt, in der die Kirchenväter die ontologische Tiefe des geschichtlichen Vorgangs der christlichen Bekehrung ausdrücken konnten. Sagen wir also ruhig: Hier gibt es eine Annäherung. Aber wir müssen hinzufügen, daß mit diesem Verweis auf die Einkehr des Menschen in sich selbst doch noch nicht der ganze Umfang der von der Bibel verlangten Umkehr erreicht ist. Denn die griechische ἐπιστροφή wendet sich nach innen, in jene innerste Tiefe des Menschen, die eins und alles zugleich ist. Sie ist idealistisch: Wenn der Mensch tief genug geht, stößt er auf das Göttliche in sich selbst. Der Glaube der Bibel ist kritischer, radikaler. Er kritisiert nicht nur den äußeren Menschen. Er weiß, daß seine Gefährdung gerade aus der Anmaßung des Geistes, der Innerlichkeit des Menschen und seiner Tiefe kommen kann. Er kritisiert nicht nur den halben Menschen, sondern den ganzen. Heil kommt nicht allein schon aus der Innerlichkeit, denn gerade diese Innerlichkeit kann verkrampft, herrschsüchtig, egoistisch, böse sein: »Was von innen kommt, das verunreinigt den Menschen« (Mk 7, 20). Nicht einfach die Kehr zu sich selbst rettet, sondern vielmehr die Wegkehr von sich in den rufenden Gott hinein. Der Mensch wird nicht auf die letzte Tiefe seines Ich, sondern auf den von außen herantretenden Gott, auf das Du verwiesen, das ihn aufbricht und eben darin erlöst. Darum ist Metanoia gleichbedeutend mit Gehorsam und mit Glaube; darum steht sie im Gefüge der Realität des Bundes; darum ist sie bezogen auf die Gemeinschaft derer, die in den gleichen Weg gerufen sind: Wo der persönliche Gott geglaubt wird, sind Horizontalität und Vertikalität,

Innerlichkeit und Dienst keine letzten Gegensätze. Damit ist zugleich deutlich, daß Metanoia nicht irgendeine christliche Haltung darstellt, sondern der christliche Grundakt überhaupt ist, freilich begriffen von einem ganz bestimmten Aspekt her: dem der Veränderung, der Wende, des Neu- und Anderswerdens. Um Christ zu werden, muß der Mensch sich ändern, nicht bloß an irgendeiner Stelle, sondern ohne Vorbehalt, bis in den letzten Grund seines Seins hinab.

Veränderung und Treue

Damit sind wir an einem gerade auch für das moderne Bewußtsein sehr wichtigen Punkt angelangt. Denn die Begriffe »Änderung« und »Fortschritt« sind heute von einem geradezu religiösen Glanz umgeben. Nur durch Veränderung kommt Heil; die Benennung eines Menschen als konservativ gleicht einer gesellschaftlichen Exkommunikation, denn sie bedeutet im heutigen Sprachgebrauch soviel wie: dem Fortschritt entgegenstehen, dem Neuen verschlossen und damit ein Verteidiger des Alten, Finsteren, Verknechtenden zu sein, ein Feind des Heils, das von der Veränderung erwartet wird. Weist die Metanoia etwa in die gleiche Richtung? War am Ende gar das Christentum, das auf dem Grundakt der Metanoia beruht, bei seinem Eintritt in die Geschichte ein ähnlich totales Ringen um Veränderung, das nur später erstarrte wie Lava, die aus Glut zu hartem Gestein wird? Wie verhält sich die christliche Veränderungsbereitschaft, die die Metanoia ist, zum modernen Veränderungswillen? Dietrich von Hildebrand, heutzutage leider fast nur noch durch sein »Trojanisches Pferd«[8] bekannt, hat in einem frühen Werk vor dem Krieg einen noch heute beachtenswerten Traktat über die christ-

[8] »Das trojanische Pferd in der Stadt Gottes«, Regensburg 1968⁴.

liche Veränderungsbereitschaft geschrieben,[9] der sich einerseits wie eine stille Rechtfertigung seiner Konversion zum katholischen Glauben liest, als Apologie jener großen Veränderung seines Lebens, die viele nicht begreifen wollten, die als Untreue, als Abfall vom Glauben der Väter erschien; in dem leidenschaftlichen Plädoyer für die Bereitschaft zu radikaler Änderung, das er in dieser Situation vorträgt, klingt freilich zugleich schon deutlich das Nein zu jenem Kult der Bewegung mit, deren Machtübernahme ihn damals nötigte, sein Buch pseudonym erscheinen zu lassen und die ihn dann zum Verlassen des europäischen Kontinents zwang. Ich glaube, daß selten die innere Einheit von radikaler Veränderung und radikaler Treue, welche Metanoia meint, so rein formuliert worden ist, wie in diesem Essay, das zugleich als Apologie vollzogener radikaler Veränderung und im Widerstand gegen die »Bewegung« geschrieben wurde, deren Revolution das Heil der Welt versprach und die in einem Terror und in einer Zerstörung ohne geschichtliche Parallelen endigte.

Ich möchte daher in bezug auf unsere Frage einfach kurz die wesentlichen Aussagen Hildebrands wiedergeben und sie noch etwas deutlicher, als es bei ihm geschieht, auf ihren biblischen Grund zurückbeziehen. Danach ist das Kennzeichnende der christlichen Veränderungsbereitschaft zunächst einmal ihre Grenzenlosigkeit, ihre bis in den letzten Grund hinabreichende Radikalität. Das unterscheidet sie von der Einstellung des sittlichen Idealisten: Er will sich an gewissen Punkten ändern, aber er läßt sich nicht selbst, bis in das Ganze seiner Natur hinein in Frage stellen. Und freilich bleibt auch der Christ nur allzu leicht in solch begrenzter Veränderungsbereitschaft stecken, in vielfältigen Vorbehalten, in denen er nicht selten gerade das aus der Veränderung heraushält, was ihrer am meisten bedürfte: »Sie verbleiben mit gutem Gewissen in ihrer

[9] D. von Hildebrand, Die Umgestaltung in Christus (Einsiedeln 1950³), 11–29.

Selbstbehauptung, sie fühlen sich zum Beispiel nicht verpflichtet zur Feindesliebe. Sie erlauben ihrem Hochmut, sich in gewissen Grenzen zu entfalten und halten es für ihr gutes Recht, alle Demütigungen in natürlicher Reaktion abzuwehren. Sie erheben den selbstverständlichen Anspruch, geachtet zu werden in der Welt, sie wollen nicht als »Toren Christi« gelten – sie räumen der Menschenfurcht in gewissen Grenzen ein Recht ein, sie wollen auch in den Augen der Welt bestehen können. Sie sind nicht bereit zu dem völligen Bruch mit der Welt und ihren Maßstäben. Sie halten an vielen Konventionen fest und tragen keine Bedenken, sich innerhalb eines gewissen Rahmens gehen zu lassen.«[10] Die Metanoia bleibt ethisch-partikulär, sie wird nicht eigentlich christlich. Wenn man aber bedenkt, daß Christwerdung daran hängt, daß wirklich *christliche* Metanoia im Sinn der prophetischen Predigt und der Predigt Jesu zustande kommt, dann ist klar, daß diese Halbierung der Metanoia der eigentliche Grund der Krise des Christentums von heute ist: »Sie wollen auch in den Augen der Welt bestehen können. Sie sind nicht bereit zu dem völligen Bruch mit der Welt« – dieses Schielen nach dem Man verdirbt heute wie eh und je die Kirche, aber heute vielleicht mehr, weil das Man andere Mittel hat als ehedem, um seine Pression auszuüben. Man wird leider nicht bestreiten können, daß auch Männer der Kirche heute ihre Entscheidungen nicht einfach danach ausrichten, was der Glaube an Jesus Christus verlangt, sondern recht kräftig auch danach, was »man« sagen wird, ob sie so ihr Gesicht wahren können; gar wenn einmal jemand den Ruf errungen hat, ein Mann des Fortschritts zu sein, wird er nur allzu schnell zum Gefangenen dieses Rufs, der nur scheinbar der Freiheit dient, in Wahrheit zu Knechtschaft der Eitelkeit führt und die Metanoia zerstört. Das scherzhaft-ironische Wort von Wilhelm Busch sollte da den Christen ein wenig mehr Mut gegen die Pression der herr-

[10] S. 14.

schenden Maßstäbe geben, als sie heute vielfach zeigen: ist der Ruf erst ruiniert, lebt sich's fortan ungeniert ... Der Mut zum Bruch gibt Freiheit – nur er gibt Freiheit. Dieser Mut zum Bruch heißt biblisch: Metanoia – aber eben dieser Mut fehlt uns. »Die *restlose* Veränderungsbereitschaft ist eine unerläßliche Voraussetzung für die Empfängnis Christi in unserer Seele«[11] – ein Wort, das uns erschrecken sollte: Dies genau ist die prophetische Forderung des Vorläufers Christi und nur über ihn geht der Weg zu Christus.

Das Flüssigsein der Existenz, das mithin notwendig ist, ist so zugleich »das äußerste Gegenteil ... zu dem Kult der Bewegtheit ...«[12] Veränderungsbereitschaft auf Christus hin hat nichts zu tun mit der Richtungslosigkeit des Schilfrohrs, das jedem Wind folgt; sie hat nichts zu tun mit einer Unentschiedenheit der Existenz, einer billigen Beeinflußbarkeit, die sich nach jeder Richtung herumschieben läßt. Sie ist zugleich ein Festwerden in Christus, ein »Festwerden gegenüber allen Veränderungstendenzen von unten her – ein Weichbleiben gegenüber allem, was uns von oben her aufgeprägt werden soll«.[13] Mit anderen Worten: Christliche Metanoia ist sachlich mit Pistis (Glaube, Treue) identisch, eine Veränderung, die Treue nicht ausschließt, sondern ermöglicht. Das Neue Testament äußert sich über die Unumkehrbarkeit des christlichen Grundentscheids in einer Strenge, die für uns etwas geradezu Unheimliches an sich hat: »Es ist unmöglich, solche, die einmal erleuchtet wurden und die himmlische Gabe gekostet haben, die teilhaftig wurden des Heiligen Geistes, die das kostbare Wort Gottes und die Kräfte der kommenden Welt gekostet haben und dennoch abgefallen sind, nochmals aufs neue zur Umkehr zu bringen. Sie kreuzigen ja für sich abermals den Sohn Gottes und geben ihn dem Spotte preis« (Hebr 6, 4 ff). Wer von der Um-

[11] S. 28.
[12] S. 17 f.
[13] S. 17.

kehr umkehrt, geht rückwärts statt vorwärts. Wenn die wahre Richtung, das heißt die Richtung der Wahrheit gefunden ist, bleibt sie eine Richtung, ein Weg; bleibt sie Ziel und fordert Bewegung. Aber sie ist als Richtung nicht mehr vertauschbar, weil das Umbiegen oder Umkehren nur noch Abkehr von der Wahrheit sein kann. Hildebrand macht mit Recht darauf aufmerksam, daß diese Treue zur gefundenen Richtung der Wahrheit etwas fundamental anderes ist und bleiben muß als »formaler Konservativismus«: Ihr Bleiben gründet in der bleibenden Geltung der Wahrheit. »Dasselbe Motiv, das den Kontinuierlichen veranlaßt, an der Wahrheit unerschütterlich festzuhalten, zwingt ihn auch, jeder neuen Wahrheit gegenüber geöffnet zu sein.«[14] Das bedeutet zweierlei: Es heißt zunächst, daß der Christ die Veränderungsbereitschaft, die Metanoia nicht nach der Christwerdung als etwas Vergangenes hinter sich lassen kann, das ihn jetzt nicht mehr beträfe. Es bleibt ja in ihm das Gegeneinander zweier Gravitationskräfte: die Gravitation des Interesses, des Egoismus und die Gravitation der Wahrheit, der Liebe. Die erste ist immer seine »natürliche« Gravitation, die sozusagen den Zustand der größeren Wahrscheinlichkeit bezeichnet. Und die zweite kann in ihm nur bleiben, wenn er immer neu gegen die Gravitation der Interessen auf die Gravitation der Wahrheit zugeht, auf sie hin veränderungsbereit ist und wenn er bis zuletzt bereit ist, sich von sich selbst weg und in Christus hinein umprägen zu lassen. In diesem Sinn darf die Flüssigkeit der Existenz nicht ab-, sie muß zunehmen. Dies bedeutet zugleich, daß die Wahrheit immer eine Richtung bleibt, ein Ziel, nie fertig gefundener Besitz wird. Christus, der die Wahrheit ist, ist in dieser Welt Weg: eben weil er die Wahrheit ist.

Damit verbindet sich eine sprachgeschichtliche Beobachtung. Soviel ich sehen kann, hat das Wort proficere-profectus: Fortschreiten und Fortschritt erst im Christlichen

[14] S. 22.

eindeutig positive Bedeutung, überhaupt klare semantische Gestalt bekommen, hier aber sehr früh.[15] Die Orationen des Römischen Meßbuchs bitten wie selbstverständlich um das proficere, um das Voranschreiten des Christen; Vinzenz von Lerin handelt vom Fortschritt im Wissen um die Wahrheit Gottes; Bonaventura schließlich prägt die schöne Formel: Christi opera non deficiunt, sed proficiunt (die Werke Christi gehen nicht zurück, sondern vorwärts) – er rechtfertigt damit den Neuaufbruch der Bettelordensbewegung gegen den Konservativismus der Weltgeistlichen: Das Samenkorn des Apostolischen wächst durch die Zeiten fort bis zur Fülle Christi hin.[16] Während die Antike von dem Kreisschema status-progressio-regressus geprägt ist,[17] kann es jetzt, wo eine Richtung gefunden ist, »Fortschritt« geben, ja nur unter dieser Voraussetzung gibt es ihn überhaupt. »Fortschritt« und »Treue« bedingen sich. Vielleicht darf ich einen Vergleich aus dem Bereich menschlicher Beziehungen wagen, um dies noch etwas konkreter

[15] Für die zögernde Entwicklung des Wortfeldes Progressus vgl. M. Seckler, Der Fortschrittsgedanke in der Theologie, in: Theologie im Wandel, hrsg. von der kath.-theol. Fakultät Tübingen (Schriftleitung J. Ratzinger – J. Neumann, München 1967), 41–67, hierzu bes. 42 f; ausgiebige und differenzierte Darstellung der Frage (freilich ohne nähere wortgeschichtliche Untersuchungen) jetzt bei Kl. Thraede, Fortschritt, in: Reallexikon f. Antike u. Christentum VIII, 141–182; vgl. auch E. von Ivanka, Die Wurzeln des Fortschrittsglaubens in Antike und Mittelalter, in: U. Schöndorfer, Der Fortschrittsglaube. Sinn und Gefahren (Graz 1966), 13–23.

[16] Bonaventura, De tribus quaestionibus 13, ed. Quaracchi VIII 336 b. Zum Gesamtentwurf Bonaventuras J. Ratzinger, Die Geschichtstheologie des hlg. Bonaventura (München 1959).

[17] So die Formulierung bei Marius Victorinus, Hymn. III, 71–73, hier als trinitätstheologische Umdeutung der neuplatonischen Seinsformel; vgl. Hadot, a. a. O. 1034 f. Daß man deshalb das Gegenüber von Christentum und Antike – das von Anfang an auch ein Ineinander ist – nicht auf das schlichte Gegensatzpaar zyklisch-linear bringen kann, ist klar; vgl. Thraede, a. a. O., bes. 161 f.

werden zu lassen: Wer eigentlich wächst als Mensch, schreitet voran, geht vorwärts: der Playboy, der von einer flüchtigen Begegnung in die andere fällt und gar nicht Zeit hat, wirklich einem Du zu begegnen, oder derjenige, der das Ja zu einem Menschen durchträgt, mit ihm vorwärtsgeht und in diesem Ja wahrhaftig keiner Erstarrung verfällt, sondern in ihm langsam und immer tiefer lernt, sich freizugeben an das Du und darin überhaupt Freiheit, Wahrheit und Liebe zu finden? Gerade das einmalige Ja zu bestehen, fordert ständige Veränderungsbereitschaft und eine solche, die reif macht. In den zweierlei Weisen von Veränderung, die sich hier gegenüberstehen, scheint mir das Eigentliche christlicher Veränderungsbereitschaft gegenüber dem »Kult der Bewegung« klar erkennbar zu werden.

Innerlichkeit und Gemeinschaft

Wollte man die wesentlichen Grundbestimmtheiten christlicher Metanoia darstellen, so müßten nach dem Ineinander von Veränderung und Treue, das ich eben kurz zu klären versuchte, noch zwei weitere ähnliche Beziehungsverhältnisse gekennzeichnet werden: das Ineinander von Innerlichkeit und gemeinschaftlicher Gestalt; das Ineinander von Geschenk und Aufgabe. Ich begnüge mich damit, für beides ein paar Stichwörter anzugeben. Mir scheint, es ist einfach falsch, wenn Behm in seinem verdienstvollen Artikel μετάνοια im Theologischen Wörterbuch zum Neuen Testament von den vier möglichen Bedeutungen »empfindet Reue«, »ändert euren Sinn«, »tut Buße«, »kehrt um, bekehrt euch« für den Ruf Jesu nur die letzte Bedeutung gelten lassen will und alles andere als Abgleiten in Gesetzlichkeit ausscheidet.[18] Wahr ist vielmehr, daß das ganze Bedeutungsspektrum gemeint ist, freilich auf die

[18] IV, 994 f. u. ö.

Umkehridee als ihren Pol ausgerichtet. Die Radikalität der christlichen Umkehr verlangt ihre Konkretheit als leibhaftiges und gemeinschaftliches Geschehen: Darin gründet das Bußsakrament als kirchenöffentliche Form von erneuerter Umkehr mit den Brennpunkten realer Buße (Fasten-Gebet-Almosen[19]) und des Bekenntnisses ...

Geschenk und Aufgabe – der kleine Weg

Das Ineinander von Geschenk und Aufgabe wird unübertrefflich deutlich an dem Wort Jesu: »Wahrlich ich sage euch, wenn ihr euch nicht herumwenden laßt und werdet wie die Kinder, könnt ihr nicht in das Himmelreich eingehen« (Mt 18, 3). Behm kommentiert dazu: »Kind sein ... heißt klein sein, der Hilfe bedürfen und für sie empfänglich sein. Wer umkehrt, wird klein vor Gott ..., bereit, ihn an sich wirken zu lassen. Die Kinder des himmlischen Vaters, den Jesus verkündigt hat ..., sind ihm gegenüber schlechthin Empfangende. Er gibt ihnen, was sie sich selbst nicht geben können ... Das gilt auch von der μετάνοια. Sie ist Gottes Geschenk und hört doch nicht auf, verpflichtende Forderung zu sein.«[20] Diese einfache Mitte der Metanoia, die nicht auf irgendwelche heroischen Verstiegenheiten, sondern auf die tägliche Geduld mit Gott, Gottes mit uns verweist, ist gegen Ende des vorigen Jahrhunderts auf liebenswürdige Weise vorgelebt worden

[19] Diese urchristliche Trias sollte als konkreter Erweis von Buße wieder stärker in der Kirche zur Geltung gebracht werden.

[20] ThWNT IV 998. Schön (wenn auch nicht ohne Einseitigkeit) ist die Auslegung, die J. Jeremias dem Vers Mt 18, 3 gibt: »›Wieder Kind werden‹ heißt: wieder Abba sagen lernen. Damit sind wir beim Zentrum dessen, was Buße heißt. Umkehren heißt wieder Abba sagen lernen, sein volles Vertrauen auf den himmlischen Vater werfen, in das Vaterhaus und in die Arme des Vaters zurückkehren ... Letztlich und endlich ist Buße nichts anderes als das Sichverlassen auf die Gnade Gottes« (Neutestamentliche Theologie I, Gütersloh 1971, 154 f).

durch Therese von Lisieux: Anstelle eines Heiligenbildes, das auf den Tugendhelden verwies und damit die eigentliche Richtung des Christlichen verkannte, hat sie den »kleinen Weg« gesetzt – das tägliche Empfangen und das tägliche Zugehen auf Ihn. Ida Friederike Görres hat in ihren Tagebüchern notiert, daß sie immer mehr zu der Überzeugung komme, Therese habe keineswegs allein gestanden, sie sei nur der Prototyp einer ganzen Bewegung der kleinen Heiligen, die um die Jahrhundertwende, ohne voneinander zu wissen, wie durch ein stilles Gesetz unvermerkt in der Kirche aufgewacht und ihren Weg gegangen seien. Sie sagt dann einiges über den 1917 in Ypern gefallenen irischen Jesuiten William Doyle, der im gleichen Jahr wie Therese geboren war. Von ihm gibt es so herrliche Worte wie dieses: »Ich glaube nicht, daß es mir möglich wäre, in irgend etwas von dem, was ich tue, Nahrung für Eitelkeit und Stolz zu finden ... so wenig ein Drehorgelmann sich etwas auf die schöne Musik einbildet, die er produziert, wenn er die Kurbel dreht ... Ich fühle mich beschämt, wenn die Leute mich loben ... wie sich ein Klavier schämen müßte, wenn jemand es zur schönen Musik beglückwünschte, die von seinen Tasten ausgeht.«[21] I. F. Görres bemerkt dazu: »Die heimliche Heiligkeit in der Kirche ist schon ein Kapitel. Vermutlich gibt es Dutzende solcher Leute ... von denen kein Mensch je etwas merkt.«[22] Und sie fragt sich etwas erbost, warum man denn wohl um die Kleine Therese, die doch nur eine von vielen sei, »so großes Gesummse mache«[23]. »Aber offenbar nehmen die Menschen tatsächlich solche Dinge lieber von einem bildhübschen jungen Mädchen mit Lächeln, Rosen und Schleier entgegen. Man kann sich schon fragen, ob Therese das gleiche gewaltige Echo gefunden hätte, wäre sie von irreparabler Häßlichkeit gewesen – bucklig und schielend oder sowas, oder uralt geworden.«[24]

[21] I. F. Görres, Zwischen den Zeiten (Olten-Freiburg 1960), 271.

[22] Ebd. 273. – [23] Ebd. 270. – [24] Ebd. 270.

Ich glaube, es gibt heute eine Art Antwort auf diese Frage und eine höchst überraschende. Denn mir scheint, wir alle durften noch einmal Zeugen eines Heiligen dieser »Welle« sein: Johannes XXIII. Wer seine Tagebücher liest, ist zunächst enttäuscht und kann nicht glauben, daß der Mann dieser altmodischen Seminaraskese und der große Papst der Erneuerung ein und dieselbe Persönlichkeit seien. Aber nur, wenn man beides ineinander sieht, hat man ihn richtig gesehen, hat man das Ganze gesehen. Diese Tagebücher, zu einer Zeit begonnen, als Theresia noch lebte, sind in der Tat »kleiner Weg« – kein Weg der Größe.[25] Sie beginnen mit der durchschnittlichen Geistigkeit eines italienischen Priesterseminars jener Jahre, ein wenig kitschig, ein wenig eng und doch groß geöffnet auf das Eigentliche. Und gerade im Fortgehen dieses Weges, dieser Einfachheit und dieser Geduld des täglichen Bleibens, die nur durch ein tägliches Sichändern gelingen kann – im Fortgehen dieses Weges ist eine letzte geistige Einfachheit gereift, die sehend macht und die einen kleinen, dicken, alten Mann schön werden ließ durch ein Leuchten von innen her. Hier ist alles Geschenk und hier ist doch alles Bekehrung – Metanoia, die Christen macht und die Heilige schafft. »Vermutlich gibt es Dutzende solcher Leute«, sagt I. F. Görres – eigentlich sollten wir alle versuchen, dazu zu gehören. Denn nur dann sind wir Christen.

[25] Das Tagebuch beginnt bezeichnenderweise mit einer von dem Seminaristen Roncalli erstellten persönlichen Neufassung der »Kleinen Regeln«, die der Spiritual von Bergamo seinen Theologen gegeben hatte. Der Herausgeber (L. Capovilla) bemerkt dazu: »Darüber sprach er immer wieder, auch als er bereits Bischof und Papst geworden war.« Johannes XXIII., Geistliches Tagebuch und andere Schriften (Freiburg 1964^2), 23.

Dumitru Staniloae

DAS BUSS-SAKRAMENT ALS GEISTLICHES EREIGNIS

Die orthodoxe Kirche glaubt wie die römisch-katholische, daß der Gläubige durch sein Sündenbekenntnis, durch Buße und durch Absolution von seiten des Priesters Vergebung von Gott selbst erlangt. Beide Kirchen betrachten dieses Geschehen als Sakrament. Ein Teil der Gläubigen, besonders die Großstadtbewohner, empfinden aber heute vor dem Sündenbekenntnis innere Hemmung. Vielfach ist ihnen nicht einsichtig, daß ein Bekenntnis vor dem Priester nötig ist für die Vergebung vor Gott. Da sie das Bekennen vermeiden, kann ihnen die Kirche das dem religiösen Leben förderliche Bußsakrament nicht spenden. Es stellt sich die Frage, ob die Entfremdung nicht begründet ist in dem institutionellen, steifen, juridischen und oberflächlichen Verfahren vieler Beichtpriester, und ob nicht eine Vergeistigung und Humanisierung dem Sakrament neuen Aufschwung brächte.

Aus dem »geistlichen Vater«, der der Beichtpriester in der Tradition der Kirchen ursprünglich wäre, ist vielfach ein unpersönlicher Richter geworden, der darauf wartet, daß die Delinquenten in grauer Reihe an ihm vorbeiziehen, damit er über ihre mehr oder weniger einförmigen Vergehen sein Urteil spreche. Wüchse nicht das Interesse an der Beichte, wenn diese wieder zum geistlichen Ereignis würde, zu einer echten Aussprache über die Probleme des Lebens und zur Hilfe für die Vergeistigung des Menschen? Das erforderte freilich viel Geschick vom Priester, große geistliche Kraft, die nur aus tiefer Spiritualität erwachsen kann, sowie geistliche Erfahrung und Klugheit. Die Spendung des Sakraments müßte wieder zu einer ganz persönlichen Begegnung zwischen Priester und Beichtendem werden, zu einem Ereignis von größter Bedeutung für das Leben.

I.

a) Lehre der Kirche und menschliche Erfahrung erweisen die Beichte als heute ebenso notwendig wie ehedem

Der Mensch fühlt sich gedrängt, sein inneres Leben einem anderen mitzuteilen. Es genügt ihm nicht, nur über Objekte zu reden; er will auch seine eigenen Gedanken über Welt und Menschen, über Gefühle und Neigungen, über seine Unzulänglichkeiten und seine innere Not mitteilen. Zugleich scheut sich der moderne Mensch aber, seine Gedanken zu äußern. Einerseits will er sein Unvermögen mitteilen, um bei jemandem Verständnis zu finden; andererseits empfindet er Scheu, weil er befürchtet, er könnte als minderwertig gelten und die bekanntgegebenen Schwächen möchten als Waffen gegen ihn gekehrt werden. Noch schwerer fällt es ihm, Handlungen, für die er sich schuldig fühlt, und die Befürchtungen, Qualen und Hemmnisse, die aus ihnen erwachsen, mitzuteilen – jene Handlungen also, die im kirchlichen Sprachgebrauch »Sünde« heißen. Dabei ist es überdies schwierig, bei unseren Schwächen, Befürchtungen und Betrübnissen die sündhaften von den unschuldigen zu unterscheiden. Geben doch gerade die unschuldigen Schwächen Anlaß zu sündhaftem Verhalten, zu mangelhafter Pflichterfüllung und ungutem Verhalten gegen die Mitmenschen und werden dadurch belastend. Es kostet also Anstrengung, seine Schwächen samt den Sünden, die ihnen zugrunde liegen oder aus ihnen erwachsen, zu enthüllen und zu bekennen, denn diese sind Wunden, eine komplizierte Krankheit der Seele, wie sich die hl. Väter und die orthodoxen Beichtkanones ausdrücken. So schwankt der Mensch hinsichtlich des Bekennens. Er neigt zum Bekennen, weil er hofft, bei jemandem Verständnis und Rechtfertigung zu finden, wenn er offenlegt, was er vor Gott und den Menschen fehlte, und er scheut das Bekennen aus Scham, Angst und Stolz, weil er befürchtet, verurteilt oder gedemütigt zu werden.

Aus diesem Zwiespalt sucht er einen Ausweg; er sucht jemanden, der volles Vertrauen verdient und die geoffenbarten Schwächen weder verurteilt noch gegen den verwendet, der sein Bekenntnis ablegte; mit anderen Worten, er sucht einen aufrichtigen Freund. Aber auch Freunde haben uns oft enttäuscht. Man macht die Erfahrung, daß sie vielfach in der Freundschaft nicht standhalten, wenn sie die Schwächen kennen. So kann man auch ihnen seine intimen seelischen Unzulänglichkeiten nicht anvertrauen. Oft gründen »Freundschaften« geradezu auf dem gegenseitigen Nichtkennen der sogenannten Freunde.

Fehlt der wahre Freund, vertraut sich der Mensch manchmal jemandem an, den er gar nicht geprüft hat, nur weil in einem Augenblick ein Zustand sentimentaler Kommunikationsfreudigkeit aufkam. Hinterher bedauert er es, weil er einsieht, daß der kurzlebige Gefühlszustand keine Charakterfestigkeit ersetzt. Derlei enttäuschende Erfahrungen veranlassen viele, mit fortschreitendem Alter verschlossener zu werden und auch das Beichten zu meiden, denn ihr Mißtrauen gegen die Menschen erstreckt sich ebenso auf die Geistlichen. Ihre Kontaktfähigkeit läßt nach; sie erstarren innerlich; ihre Beziehungen zu den Mitmenschen werden kühl, und sie verarmen an Menschlichkeit. Theoretisch werden sie sich in dieser Lage der Notwendigkeit des Beichtens vielleicht bewußt, aber ihre Einsicht führt nicht zu praktischer Konsequenz. Sie erleben mit tragischer Intensität das Dilemma, daß die Beichte für sie zugleich notwendig und zu schwer ist.

Der Mensch fühlt, er käme zu vollständiger Ruhe, wenn er jemanden fände, dem er sich so anvertrauen könnte, daß er nicht nur menschliches Verstehen und menschliche Vergebung empfängt, sondern Vergebung im Namen Gottes. Es verlangt ihn also nicht nur nach einem wahren Freund, sondern zugleich nach jemandem, der ihm im Namen Gottes entgegentritt, denn er spürt, daß sich seine Sünden bis zu Gott erhoben, daß sie Gott berührten. Deswegen strebt er nach einer Vergebung von absoluter Gültigkeit. Er erlebt aber, daß viele Zeitgenossen den Sündenaspekt der Taten, die ihn beunruhigen und quälen, nicht einmal ernst nehmen oder sich wenigstens für inkompetent halten, über ihn zu befinden. Aussprachen und Bekenntnisse, die ihm aber nicht im Namen Gottes Befreiung vom Schuldbewußtsein brächten, blieben letztlich für ihn ohne wesenhafte Wirkung.

Das Dilemma von Notwendigkeit der Beichte und Scheu vor ihr ist heute ernster denn je. Mit zunehmender Enge des Zusammenlebens mehren sich seelische Wunden und Komplexe. Zugleich steigert sich die Vereinsamung, denn der einzelne sieht die Schwächen der anderen deutlicher, verliert mehr und mehr das Vertrauen zu den Mitmenschen und wird wegen neuer gegenseitiger Fehler, wegen des Zusammenpralls der Interessen und wegen der Verschiedenheit der Charaktere stets unfähiger für echte Kommunikation. Dabei bewirkt die Anhäufung von Fehlern, die die Kommunikation erschwert, daß die Notwendigkeit einer guten Beichte noch tiefer empfunden wird. Der Mensch von heute bedarf also eines Partners, dem Einfühlungsvermögen, Charakterstärke und Standhaftigkeit in der Freundschaft eignen. Dieser muß fähig sein, die Sünde ernst zu nehmen, und er muß im Namen Gottes Vergebung zusichern können. Der Mensch bedarf eines Menschen, der ihm Freund ist und die Ermächtigung hat, im Namen Gottes zu sprechen.

b) Die Priesterschaft muß die Beichte dem heutigen Menschen entsprechender gestalten

Ein vollkommenes Bekenntnis kann also nur vor dem Priester abgelegt werden, und die Beichte ist heute nötiger denn je. Man kann die Bedeutung der Beichte den heutigen Menschen aber nicht theoretisch darlegen; ihren Wert muß der Priester praktisch durch sein Verhalten beweisen. Die Priester sind verpflichtet, den Gläubigen das rechte Beichten zu erleichtern, indem sie bei der Verwaltung des Sakraments alles meiden, was dem Menschen unserer Zeit die Beichte verleidet.

Der Priester muß zum aufrichtigen Freund der Gläubigen werden, damit echte Kommunikationsbereitschaft aufkommt und die Beichte erleichtert. Er muß ein so guter Freund sein, wie ihn der Mensch in seiner Umgebung gewöhnlich nicht findet, und er muß natürliche Kommunikationsfähigkeit mit unerschütterlicher Standhaftigkeit in der Freundschaft und mit dem Bemühen verbinden, alle Fehler zu meiden, die das volle Vertrauen der Gläubigen beeinträchtigen könnten. Wäre dies der Fall, fiele es den Gläubigen, die jetzt nicht zur Beichte kommen, leichter, wieder zu beichten. Der priesterliche Status, der den Priester von den Gläubigen abhebt, wäre dann kein Hemmnis für die Begegnung, sondern ein zusätzlicher Beweggrund für die Beichte, weil der Gläubige weiß, daß der Priester den Ernst der Sünde noch tiefer empfindet als er selbst und daß er im Namen Gottes Vergebung aussprechen kann. Der Priester muß aber den Ernst, mit dem er die Sünde beurteilt, mit verständnisvoller und tief menschlicher Freundschaft zum Pönitenten verbinden. Sein Status als Priester und Vertreter Gottes muß mit seiner Eigenschaft als Freund so in Einklang stehen, daß *beides* volle Entfaltung findet.

Nicht nur während der Spendung des Sakramentes, sondern auch sonst muß der Priester eine Haltung an den Tag legen, die den Gläubigen den Zugang zur Beichte erleichtert. Er muß seine Fähigkeit, den Menschen wahrer Freund zu sein, entfalten. Er darf nicht passiv warten, daß die Menschen zur Beichte zu ihm kommen, sondern muß von sich aus um echte innere Beziehung zu ihnen bemüht sein und nach einer Atmosphäre streben, die der zwischenmenschlichen Kommunikation förderlich ist. Und er muß in den Gesprächen, die er mit den Menschen führt, um die Verwirklichung der Präliminarien für die Beichte besorgt sein. Dazu muß er die Gläubigen seiner Pfarrei kennen und zu ihnen gehen. Für die Vereinsamten unter ihnen muß er der Freund werden, der sie aus der Isolation herausführt.

Das eigentliche Sündenbekenntnis und die Beichte können aus den Gesprächen des Priesters mit den Gläubigen herauswachsen, wenn der Priester diese mit Klugheit auf die entsprechenden Themen hinleitet. Kommen diese betreffenden Handlungen zur Sprache, wird der Priester deren sündhaften Charakter hervorheben und dem Gesprächspartner zur Einsicht in das Ausmaß der Schuld verhelfen. Er wird auch Ratschläge geben, wie in Zukunft die Sünde vermieden werden kann. Dabei muß er große Verständnisbereitschaft an den Tag legen, damit er den Gläubigen nicht entmutigt. Jedoch darf er die gebeichteten Sünden keineswegs bagatellisieren, besonders dann nicht, wenn ihre Wiederholung ernste Folgen für den einzelnen oder die Gemeinschaft hätte.

Der Priester erstrebt hauptsächlich die Erneuerung der sittlichen Kräfte beim Beichtenden und zeigt diesem auf, daß er der Versuchung zum Rückfall widerstehen kann, wenn er aufrichtig bereut und an die Gefahr fortschreitender Minderung seiner sittlichen Kräfte und seiner menschlichen Würde sowie an die Folgen für das ewige Heil und an die Beunruhigung des Gewissens denkt. Er zeigt ihm, daß Gott, der den Tod des Sünders nicht will, sondern dessen Bekehrung und Heil, ihm die Sünden vergibt, wenn er bereut und sich aufrichtigen Willens zur Besserung entschließt. Gleichzeitig versichert er ihm, daß er nicht nur von Gewissensqualen, sondern auch von den sich daraus ergebenden seelischen Leiden und Unzulänglichkeiten befreit wird.

Es gibt in Rumänien einen Mönchspriester, der die Beichtenden bis zu Tränen über die Sünden rühren kann. Er weint zuerst selbst über die gebeichteten Sünden, und schließlich vereinen sich seine Tränen mit denen des Beichtenden. Doch dies ist keine mit Absicht verfolgte Taktik, sondern Ausdruck aufrichtigen Mitleids für den beichtenden Büßer. Der Mönch erfüllt, vielleicht unbewußt, das Wort Maximus des Bekenners: »Der treue Freund betrachtet das Unglück des Freundes als sein eigenes; er trägt und leidet mit ihm zusammen bis zum Tod.«[1] P. Florensky zitiert dies und fährt fort: »Liegt doch der unterscheidende Vorzug der Liebe nach dem hl. Nilus von Sinai darin, daß sie alle bis zur innersten Seelenverfassung vereinigt; infolge einer solchen Eintracht übergibt ein jeder seine Leiden allen anderen und empfängt von ihnen ihre Leiden. Alle sind für alle verantwortlich, und alle leiden für alle.«[2]

Der erwähnte Seelsorger nimmt Verantwortung und Buße für die gebeichteten Sünden auf sich und steigert damit die Verantwortungs- und Bußbereitschaft des Beichtenden oder ruft sie erst hervor, wenn der Beichtende sie aus eigener Initative noch nicht recht hat aufkommen lassen. Jedermann trägt Verantwortung für den Nächsten, um so mehr der Priester für die seiner Sorge anheimgestellten Gläubigen. Ihm obliegt die Initiative bei der Vorbereitung des Gläubigen auf die Beichte; bei ihm bleibt auch die Initiative für die Vertiefung von Buße und Reue. Er eignet sich gewissermaßen den Schmerz des Beichtenden an und leidet ihn wie Christus als seine eigenen Schmerzen mit. Dadurch überträgt er dem Beichtenden seine eigene Kraft, die Sünden durch leidvolle Buße zu überwinden. Die Gemeinschaft zwischen Priester und Gläubigem, die bei der Vorbereitung einsetzt, vertieft sich im gemeinsamen Schmerz über die Sünde; der Schmerz des Pönitenten wird zum Schmerz des Priesters, und die Kraft des Priesters zur Kraft des Pönitenten. Das Mitleben des Schmerzes durch den Priester kann diesen sogar noch ver-

[1] Capita de caritate IV, 93, MG 90, 1072.

[2] Der Pfeiler und die Grundfeste der Wahrheit in: Östliches Christentum, hrsg. von N. von Bubnoff und H. Ehrenberg, München 1925, Bd. 2, 172.

mehren, da ihn der Priester dank seiner größeren Einsicht in die Schwere der Schuld und ihre Folgen mit größerer Intensität fühlt. Paulus gibt daher den Rat: »Traget einander die Lasten: so werdet ihr das Gesetz Christi erfüllen.« (Gal 6, 2). Zuvor schrieb er: »Brüder, wenn jemand von einem Fehltritt überrascht wurde, so suchet als Geistesmenschen einem solchen wieder zum Rechten zu helfen! Tut es im Geist der Milde! Und achte dabei auf dich selbst, sonst könntest auch du versucht werden!«

Durch den Schmerz über die Sünde wird der Mensch vor der Verflachung bewahrt; seine Vertiefung, zu der der Priester beiträgt, macht ihn zur Kraftquelle für den Pönitenten. Da ein anderer mit ihm leidet, hat der sündige Mensch den Beweis, daß er nicht der Verachtung verfällt; er kann seinen eigenen Wert sogar besser erfassen lernen, wenn er sieht, daß der andere seinetwegen noch größeren Schmerz empfindet als er selbst. Da dieser andere ein Vertreter Gottes ist und im Namen Gottes mit ihm leidet, kann der Sünder folgern, daß er auch vor Gott noch Wert besitzt. Der Priester muß darum zeigen, daß sein Mitschmerz über die Sünden des Pönitenten wie auch der Schmerz des Beichtenden selbst aus der Kraft des Leidens Christi kommen, der für jeden von uns zum Leidenden geworden ist. Das Kreuz Christi muß allzeit lebendig zwischen dem Priester und dem Beichtenden stehen; nur das Kreuz Christi schafft zwischen ihnen die rechte Kommunikation.

Der Mitschmerz des Priesters als Vertreter des leidenden Christus und der wiedergewonnene Glaube an den eigenen Wert erwecken im Beichtenden die Kraft zur Dankbarkeit dem Priester und vor allem Christus gegenüber. Sie erwecken Dankbarkeit gegen Gott, der seinen Vertreter sandte, um den Sünder des göttlichen Interesses zu versichern, ihm Vergebung und Erlösung zu gewähren, ihn von der Verzweiflung zu befreien und ihm das Gefühl der Unfähigkeit zum Guten zu nehmen, und der Sünder empfängt von Gott die Kraft, sich wieder zur Menschlichkeit zu erheben. Er erfährt, daß Christus am Kreuz auch für ihn litt und daß er wertvoll ist in den Augen Christi.

Die Regeneration des Menschen ist also ein Sakrament, das vermittels Kommunikation als Frucht des Kreuzes Christi bewirkt wird. In dieser Kommunikation werden die Sünden vergeben; sie birgt in sich die Kraft zur Heilung des durch Sünde kranken und schwachen Menschen. Wirklichkeit wird sie oft infolge der höheren Macht des einen von beiden, beziehungsweise mehrerer in einem Kreis. Deren Macht kann nur vom leidenden Christus ausgehen. Die Bevollmächtigten handeln in dem Bewußtsein, Boten der leidenden und erlösenden Liebe und Kraft Christi zu sein. Nur so kann sich die Leidenskommunikation für die Sünden des einen verwirklichen als wahre Kommunikation in Gott, genauer gesagt in Christus, der in ihr anwesend ist und sie durch sein Leiden für und mit dem Sünder stärkt. Der Sünder aber beweist durch sein Beichten, daß er Buße tut, das heißt, daß auch er für seine Sünden in der Kraft des Leidens Christi Schmerz empfindet. Nur in solcher Kommunikation in Gott vollzieht sich das Geheimnis der Regeneration des Menschen. So ist das Bußsakrament das Sakrament der Gemeinschaft oder Mitmenschlichkeit schlechthin.

Unser Erlöser verknüpfte die den Jüngern versprochene Gewalt, Sünden zu lösen oder zu binden, mit der Versicherung: »Wenn zwei von euch in irgendeinem Anliegen auf Erden einträchtig zusammenstimmen und darum beten, wird es ihnen zuteil werden von meinem Vater im Himmel«, und er fuhr fort: »denn wo zwei oder drei auf meinen Namen hin versammelt sind, bin ich mitten unter ihnen.« (Mt 18, 19 f) Das will sagen, daß Gott die Sündenvergebung an die Einheit der Liebe und des Betens jener bindet, die sich in ihrer Einheit auf ihn beziehen, denn nur die Liebe, die eine Einheit zwischen uns verwirklicht, öffnet unsere Menschlichkeit für Gott. Sie erweicht das menschliche Wesen und öffnet es für Gott –

aber nur insofern es sich für den Nächsten erweichte und öffnete und auch diesen dazu brachte, sich seinerseits als Antwort zu erweichen und zu öffnen. Man darf sagen, daß die Gemeinschaft zweier Menschen ganz allgemein, insbesondere aber die zwischen Beichtvater und Beichtendem, den Horizont der Unendlichkeit öffne und die beiden aus der Begrenztheit heraushebe. Weiter kann man sagen, daß solche wirkkräftige unendliche Liebe, in die die beiden Personen hineingezogen werden, Gott beziehungsweise Christus selbst zum Subjekt habe, denn nur aus einem unendlichen Subjekt kann solche unendliche Liebe strömen. Es wäre aber falsch zu behaupten, daß sich zuerst die Einheit zwischen den zweien verwirkliche und nachher sich Gott mit seiner unendlichen Liebe dieser Einheit anschließe oder daß sich die beiden, nachdem sie sich untereinander einten, auch mit Gott einigten. Die Einheit verwirklicht und vertieft sich in beide Richtungen gleichzeitig. Gott selbst bewegt die beiden zur Einheit; das Gespür für die Anwesenheit Gottes führt sie zur Einheit. Von einer anfänglichen Einheit in Gott schreitet man fort zu größerer Einheit unter sich und mit Gott, weil Gottes Gnade sich mehrt.

Wenn der Priester verständnisvoll, verantwortlich und mitleidend zuhört und der Pönitent sich vertrauensvoll öffnet, tun dies beide im Namen Christi, vor seiner Ikone, mit gemeinsam zu ihm erhobenen Gedanken. Sie vereinigen sich in Christus und vertiefen ihre Gemeinschaft mit Christus in dem Maß, wie sie durch Spenden und Empfangen des Sakramentes miteinander in Kommunikation treten. »Wer liebt, ist von jeder Sünde weit entfernt«, schreibt Polykarp von Smyrna.[3] Man sollte den Satz so verstehen: »Wer liebt, entfernt sich weit von jeder Sünde.« Wer liebt, vergibt durch die Tatsache, daß er sich von jeder Sünde entfernt. Wer nämlich nicht vergibt, sündigt, weil er nicht liebt. Der Freund kann also die Vergebung nicht verwei-

[3] Brief an die Philipper 3, 3.

gern; er wird den sündigen Menschen sicher heilen und garantiert für ihn. Wenn der Priester den reuig Beichtenden anhört, kann er ihn nicht verurteilen; er muß Mitleid mit ihm fühlen und ihn lieben. Aber er verurteilt die Sünde. Er empfindet um den Büßer um so größeren Schmerz, je mehr er die Sünde verurteilt. Dadurch entfernt er sich und den Beichtenden von der Sünde. Man sagt, der Seelsorger lade alle ihm gebeichteten Sünden auf sich. Doch läßt sich mit gleichem Recht sagen, daß er seine Reinheit steigere, wenn er das reumütige Sündenbekenntnis hört, in Liebe mitleidet, dem Sünder zu vergeben bereit ist und die Sünde selbst verdammt.

Im Entschluß des Priesters zu vergeben und in seinem liebenden und mitleidenden Zuhören ist Gottes vergebende und reinigende Liebe am Werk. P. Florensky sagt: »Die Liebe gibt dem Liebenden besondere Kräfte und diese Kräfte überwinden die Sünde.«[4] Nicht etwa die Meinung, daß er selber rein sei und deswegen andere reinigen könne, ermutigt den Priester, Vergebung der Sünden zu erteilen, sondern das Bewußtsein, daß er die Begnadigung des Beichtenden zugleich mit seiner eigenen Begnadigung erlangt, wenn er aufrichtig und demütig nicht verurteilt. In der Demut, mit der er die Absolution erteilt, äußert sich das Bewußtsein, daß nicht er, der ebenfalls ein Sünder ist, die Sünden vergibt, sondern Gott. So schließt denn Paulus die oben angeführte Mahnung zu gegenseitigem Helfen im Geist der Milde mit dem Hinweis: «Wenn jemand sich einbildet, etwas zu sein, da er doch nichts ist, so täuscht er sich selbst.« (Gal 6, 3)

Nach P. Florensky ist in der rätselhaften Parabel vom ungerechten Verwalter derjenige gemeint, der Sünden vergibt. Ein «Recht«, Sünden zu vergeben, die keine Beleidigung seiner Person sind, sondern eine Beleidigung Gottes, habe der Mensch nämlich so wenig, wie es dem Verwalter nicht zustand, die Schuldscheine ändern zu las-

[4] A. a. O. 180.

sen. Der Heiland, der den Verwalter lobt, eifere uns an, uns mit dem Reichtum unseres himmlischen Herrn Freunde zu verschaffen, die sich für uns einsetzen. »Wenn wir fremde Sünden ungerecht vergeben, rechtfertigen wir uns, die ungerechten ›Kinder dieser Welt‹, mehr, als wir uns, die gerechten ›Kinder des Lichtes‹, durch gerechte Verdammung fremder Sünden rechtfertigen könnten. Aber man muß das unter vier Augen tun, mit jedem Sünder einzeln, im Verborgenen – so daß man in Wahrheit seine Sünde bedeckt, um im eigenen Bewußtsein seine Schuld wirklich zu vermindern, nicht aber um den anderen nur die eigene Großmut zu zeigen.«[5] Der Priester, der die Sünden vergibt, darf sie aber nicht als geringfügig abtun, sonst würde er ja auch seine eigenen Sünden für etwas Geringfügiges halten und sich ohne Demut über das Gericht Gottes hinwegsetzen, der die Sünden zwar vergibt, aber sie keineswegs für unwichtig erklärt. Würde der Priester den Ernst der Sünden in Zweifel ziehen, nähme er auch Gottes Gericht nicht ernst; er würde sich von seinen eigenen Sünden nicht mehr genug distanzieren und er verführte den Büßer, dasselbe zu tun.

Beim Bußsakrament handelt der Priester als Diener Gottes, im demütigen Bewußtsein seiner eigenen Schuld und im Vertrauen auf Gottes große Barmherzigkeit. Der Absolution im Namen Gottes fügt er seine eigene Vergebung aus ganzem Herzen hinzu. Er vertraut, daß selbst dann, wenn er vergibt, was er nicht vergeben sollte, Gott die Vergebung ratifiziere und ihm selber seine ähnlichen Sünden vergebe, denn er erinnert sich des Herrenwortes: »Wenn ihr den Menschen ihre Fehler vergebt, so wird euer himmlischer Vater auch euch vergeben.« (Mt 6, 14) Er vergibt, weil auch er Vergebung erwartet. Er weiß, daß er beim Vergeben vielleicht über seine Grenze geht; er weiß sich aber gleichzeitig der Verheißung Christi sicher, daß er um der aus Liebe dem Pönitenten erteilten Vergebung

[5] A. a. O. 164–167.

willen für seine eigenen Sünden Vergebung erlangt, da er ja sich selbst mit verurteilt, wenn er das Bußsakrament verwaltet. In diesem Sinn ist es richtig, daß der Priester von den Sünden aller belastet wird.

Damit durch den Priester im Namen Gottes Vergebung erfolgen kann, bedarf es neben der demütigen und verständnisvollen Liebe des Priesters zum Büßer auch des Vertrauens vom Büßer zum Priester als zum Vertreter Gottes. Wenn der Sünder sich zur Beichte vor dem Priester entschließt, hat er sich bis zu einem gewissen Grad schon aus dem Zustand der Sünde erhoben, weil er seine Gleichgültigkeit oder sein Mißtrauen gegen Gott und Gottes Vertreter, seine Eitelkeit oder seine Verzweiflung, die ihn von der Beichte fernhielten, bereits überwand. Die hl. Väter sagen, Gott hätte Adam und Judas vergeben, wenn sie Buße getan hätten. Nur wenn die vertrauensvolle Liebe des Seelsorgers beim Sünder auf vertrauensvolle Liebe zu Gott und den Mitmenschen trifft, erfolgt die Vergebung. Die auf dem Glauben an Gottes Barmherzigkeit und auf Vertrauen zum Menschen gründende Liebe zweier Menschen und ihr gegenseitiges Vertrauen begegnen sich in Mitmenschlichkeit. Dieser Begegnung wird die Vergebung Gottes, die Bestätigung der durch den Priester erteilten Lossprechung, gewährt. Sache des Priesters ist es aber, die Initiative zu ergreifen, damit der Sünder Vertrauen gewinne.

Um die Gläubigen zum Bekennen und Überwinden der Sünde zu bewegen, soll der Priester lieber in der dargelegten Weise verfahren, als sich auf psychoanalytische Geschicklichkeit verlassen, die auf wissenschaftliche Kompetenz, nicht auf die vergebende Liebe Gottes setzt und den Menschen zum Objekt erniedrigt. Der Mensch will nicht Objekt einer Technik werden; er will sich als Subjekt respektiert sehen. Deswegen ist es richtig, daß der Priester demütig zum Stand des sündhaften Menschen herabsteigt. Die tiefe menschliche und demütige Liebe des Priesters als eines Freundes oder besser gesagt als eines geistlichen Vaters, dem geistliche Erfahrung und Klugheit eignen und der ein geistliches Leben führt, helfen dem Sünder zur Beichte. Die Erfahrung des geistlichen Vaters muß sich darstellen als die Erfahrung eines Menschen, der den Zustand der Sünde und den Kampf mit ihr sowohl aus seinem eigenen Leben wie aus vielen Begegnungen im Beichtstuhl kennt und dabei niemals vergißt, daß jeder Beichtende ein unwiederholbar einmaliges, freies Wesen ist. Dann wird auch der Beichtende begreifen, was Maximus der Bekenner sagt: »Wirf die geistliche Liebe nicht leichtfertig fort, denn es bleibt dir kein anderer Weg zum Heil.«[6] Damit der Priester die nötige Liebe besitzt, muß er sich zutiefst vor Gott verantwortlich wissen, und der Gläubige soll empfinden, aus welch tiefem Verantwortungsbewußtsein die Liebe des Priesters genährt ist. Er soll erfahren, daß sich der Priester bewußt ist, für das Heil aller ihm Anvertrauten Rechenschaft ablegen zu müssen.

II.

Die vertrauensvolle Liebe des Priesters muß dem Pönitenten nach dem sakramentalen Akt weiter helfen, nicht mehr in die gebeichteten Sünden zurückzufallen. Der Büßer ist nicht schlechthin Delinquent, dem teils vergeben wäre und der teils noch Strafe tragen und Genugtuung leisten müßte; er ist Delinquent *und* Patient. Die Sünden waren sowohl Delikte als Auswirkungen einer Krankheit. Sie waren bis zu einem gewissen Grad Folgen von Schwäche und vermehrten diese Schwäche sogar noch. Sofern sie Delikte sind, vergibt sie der barmherzige Gott im Hinblick auf Christi Opfer. Sofern sie Krankheit sind, müssen sie geheilt werden durch den Priester und die Anstrengungen des Büßers. Der Beichtpriester ist nicht nur Richter, der wegen der Reue des Büßers Gottes Vergebungsurteil aus-

[6] Capita de caritate IV, 25, MG 90, 1053.

spricht, er hat auch die wichtige Rolle eines Arztes und Beraters.

Obgleich die heftige Kraft der Krankheit im Bußsakrament gebrochen wird, hinterläßt sie Schwächen im Wesen des reuigen Büßers, der nicht mehr sündigen will. Ihm muß der Priester nun als Arzt und Berater helfen. In der in Gott begründeten Kommunikation zwischen Sünder und Priester war die Krankheit in der Sündenvergebung im wesentlichen schon überwunden worden. Nun muß die Kommunikation erhalten bleiben, damit auf Grund der ärztlichen Empfehlungen des Priesters auch die Schwäche behoben werde. Es stellt sich ein weiteres Dilemma. Einerseits muß der Priester die ihm gebeichteten Schwächen in sich begraben. Andererseits muß er sie aber doch wie die seinigen wirklich tragen; er muß für diejenigen, die unter ihrer Last leiden, mitleiden und ihnen dadurch helfen, die Schwächen zu überwinden. Er muß der engste Freund aller sein, alle anleiten, für alle leiden, allen Mut machen. Er muß für jeden ganz vertrauenswürdig sein, so daß die anderen nichts von dessen Geheimnissen erfahren. Zwar sollen alle merken, daß der Priester ein Freund aller ist, aber doch soll jedermanns Verbindung zum Priester im Geheimen bleiben. Im Herzen des Priesters müssen viele geheime Fäden zusammenlaufen, die ihn mit allen verbinden. Alle müssen erfahren, daß der Priester über andere gut redet, einen jeden vor jedermann verteidigt und es auch ausspricht, daß er den Menschen vertraut. Der Priester muß auftretende Konflikte entschärfen und dem Frieden zwischen den Gemeindegliedern dienen. Wer ohne Freund ist, findet im Priester einen Freund, der ihn kennt, seine Schwächen versteht und ihm behilflich bleibt. Über den Priester kann jeder Freundschaft schließen mit anderen Gemeindegliedern, so daß eine Atmosphäre allgemeiner Freundschaft zustande kommt, die viele Anstöße zur Sünde ausräumt.

Wenn der Priester mit den Menschen häufig freundschaftliche Aussprache pflegt, kann er ihnen die Auffassung des Evangeliums vom Leben, von der Bestimmung und vom geistlichen Fortschritt des Menschen, von der Abhängigkeit des Menschen von Gott und von Gottes Liebe zum Menschen und von den Pflichten gegen die Mitmenschen nahebringen und vielleicht erreichen, daß sie diesbezüglich genauso denken lernen. Der Priester lernt dabei seinerseits, die kirchliche Lehre auf die konkreten Nöte eines jeden einzelnen und auf die wahren Probleme der Gegenwart anzuwenden. So bekommen Seelsorgsdienst und geistliches Wegweisen eine konkrete, tragfähige und breite Grundlage im engen und stets neuen Vertrauens- und Freundschaftsverhältnis des Priesters zu seinen geistlichen Söhnen und Töchtern. Quellgrund dieses Vertrauensverhältnisses ist die Beichte, und zugleich führt es wieder zur Beichte.

Evangelos Theodorou

BUSSVOLLZUG UND BEICHTPRAXIS IN DER BYZANTINISCHEN KIRCHE

Der byzantinische Buß- und Beichtritus ist in seiner heutigen Form das Ergebnis einer langen Entwicklung. Die wichtigsten Faktoren der Entwicklung sind: der Geist der frühchristlichen öffentlichen Bußdisziplin; die Tatsache, daß sich die öffentliche Buße mit der Zeit als undurchführbar erwies; das Bewußtsein, daß auch die besten Christen bis zu einem gewissen Grad Sünder sind und das Bußsakrament empfangen müssen; die Entwicklung und Verbreitung der individuellen Bußübung, das heißt der geheimen und wiederholbaren Sündenvergebung; schließlich die Privatbeichte der Mönche, die im Dienst einer intensiven Seelenführung stand. Der gegenwärtige byzantinische Buß- und Beichtritus vereinigt knapp und vollzählig alle wesentlichen Elemente der sich in langer Zeit entwickelnden privaten Bußpraxis. Dabei weichen griechischer und slawischer Bußritus etwas voneinander ab[1].

1. Spender des Bußsakraments ist im byzantinischen Ritus wie im abendländischen der Bischof und der vom Bischof beauftragte Priester. In der Kirche von Konstantinopel bestand schon im 4. Jahrhundert das Amt eines Bußpriesters[2]; nach der Lehre Basilius des Großen ist es »notwendig, denen die Sünden zu bekennen, welchen die Ökonomie der Sakramente Gottes anvertraut ist«[3].

[1] Die beiden Formularien sind in deutscher Übersetzung wiedergegeben bei S. Heitz, Der orthodoxe Gottesdienst, Bd. 1, Mainz 1966, 490–501.

[2] Vgl. Sokrates, Hist. eccl. 5, 19, MG 67, 613 ff; Sozomenos, Hist. eccl. 7, 16, MG 67, 1457 ff.

[3] Regulae brevius tractatae 288, MG 31, 1284 D.

Eine große Rolle in der kirchlichen Bußdisziplin spielten im Orient die Mönche, selbst solche, die nicht die Priesterweihe empfangen hatten[4]. Seit dem Bilderstreit oblag in der griechischen Kirche die Verwaltung des Bußsakraments fast ausschließlich den Mönchen mit Priesterweihe. Die früher verbreitete Verwaltung des Sakraments durch Laienmönche und die Tatsache, daß Bischöfe an Laienmönche sogar die kanonische Beichtvollmacht erteilten, war ein Mißbrauch, gegen den sich das orthodoxe Bewußtsein scharf wandte. So betonen zum Beispiel der Kanonist und Patriarch Theodor Balsamon († 1195) und Erzbischof Symeon von Thessalonike († 1429), daß ausschließlich Priestermönche und verheiratete Weltpriester mit spezieller bischöflicher Vollmacht Beichte hören und die Vollmacht der Sündenvergebung besitzen können. Heute besitzen in Griechenland nicht alle Priester diese Vollmacht. Auf Grund seiner Weihe hätte jeder Priester das Recht, das Bußsakrament zu vollziehen. Der Bischof kann jedoch dafür sorgen, daß das Bußsakrament nicht von unerfahrenen Priestern verwaltet wird[5].

2. Die griechisch-orthodoxen Bekenntnisschriften betonen wie die Väter, daß nur bei innerer Reue das Sakrament gültig und wirksam zustande kommt. Reue ist ein »πόνος τῆς καρδίας«, ein aus Schmerz über die Sünde geborenes und zur Besserung führendes Mühen des Gläubigen. Da sie nicht allein aus menschlichem Wollen kommen kann, ist sie nach Metrophanes Kritopoulos »ein Beweis für die Gegenwart des hl. Geistes, der mein Herz bewegt, sooft ich sündige«. Weiter sagt Metrophanes, das Bedürfnis nach Trost, das der Reuige empfindet, könne nur durch Zusicherung, die ein anderer gibt, befriedigt werden; Gott habe gewollt, daß die Buße in mitmenschlicher Kommunikation aus-

[4] Vgl. K. Holl, Enthusiasmus und Bußgewalt, Leipzig 1898; F. Heiler, Urkirche und Ostkirche, München 1937, 271–273.

[5] Vgl. P. Trempelas, Δογματικὴ τῆς Ὀρθοδόξου καθολικῆς Ἐκκλησίας, Bd. 3, Athen 1961, 271.

reife, bei der einer sich empfangend, der andere spendend verhält; darum seien nach der Kirchenordnung Bekenntnis und priesterliche Lossprechung notwendig[6].

3. Zum sichtbaren Teil des Bußsakraments gehört das Sündenbekenntnis. Sein notwendiger Gegenstand sind die nach der Taufe begangenen Sünden. Auch früher gebeichtete und durch das Bußsakrament bereits vergebene Sünden können von neuem gebeichtet werden. Dann kann der Priester die geistliche Situation des Beichtenden ganz übersehen. Das Sündenbekenntnis ist auch im Orient durch das Beichtgeheimnis geschützt. Es kann weder durch Brief noch durch Boten geschehen.

Ein Blick in die Geschichte bestätigt die verbreitete Ansicht, daß die Beichte in der orthodoxen Kirche zumeist kürzer, summarischer, weniger bestimmt und weniger anspruchsvoll sei als in der römischen Kirche, daß sie oft nur in ein paar Fragen des Priesters bestehe, die der Pönitent mit dem allgemeinen Bekenntnis, er habe gesündigt, beantwortet. Es ist aber zu bemerken, daß es sich dabei um Niedergangserscheinungen im östlichen kirchlichen Leben handelt und daß keineswegs die ganze Wirklichkeit heutiger griechisch-orthodoxer Bußpraxis so umschrieben werden kann. Detaillierte moraltheologische Kasuistik ist der orthodoxen Bußpraxis nicht ganz fremd geblieben. In griechischen Erweckungskreisen pietistischer Prägung gleichen einzelne Züge der Bußpraxis den lateinischen Gewohnheiten so stark, daß an ihrer Abhängigkeit von der lateinischen erbaulichen Literatur nicht gezweifelt werden kann.

Die orthodoxe Kirche kennt keine Beichtstühle, die den Beichtenden vom Beichtvater durch ein Gitter trennen. Der Beichtende steht frei dem Priester gegenüber. Man beichtet im Schiff der Kirche, vielleicht durch einen Wandschirm von den wartenden Gläubigen getrennt, vor einer

[6] Vgl. W. Gass, Symbolik der griechischen Kirche, Berlin 1872, S. 285.

Ikone im Büro der Kirche, in einem eigenen Beichtraum, oder, wenn nötig, in Privathäusern.

Streng bestimmte Beichttermine gibt es nicht. Einige meinen, man solle jährlich viermal, vor den Hochfesten des Kirchenjahres, beichten. Andere suchen den geistlichen Vater einmal im Jahr, einmal im Monat oder wöchentlich auf, wieder andere nur, wenn sie sich schuldig fühlen.

4. Nicht immer wendet man den ausführlichen Beichtritus an. Nach seinem Belieben oder nach der verfügbaren Zeit trifft der Beichtvater unter den Gebeten eine Auswahl. Je nach den Umständen können die der Beichte vorausgehenden Gebete gekürzt oder fortgelassen werden. Als notwendig gilt gewöhnlich nur die aus der altkirchlichen Praxis stammende Handauflegung des Beichtvaters und das priesterliche Lossprechungsgebet. Mit der Handauflegung ist ein Auflegen des Epitrachilions, das der Stola des abendländischen Priesters entspricht, verbunden.

In Übereinstimmung mit dem älteren allgemeinen Bußritus gebraucht die griechisch-orthodoxe Kirche eine deprekative (fürbittende) Absolutionsformel. Das bedeutet, daß sie die Lossprechung als Gebet formuliert. Der Priester sagt nicht: »Ich spreche dich los von deinen Sünden«; er bittet vielmehr, daß Gott durch ihn als sein sündiges Werkzeug die Sünde vergebe. Bis zum 12. Jahrhundert war es so in der ganzen Kirche üblich. Die russische und die rumänische Kirche gebrauchen eine Absolutionsformel, welche die deprekative und die indikative Form verbindet. Sie wurde unter Einfluß der lateinischen Theologie 1646 von Peter Mogila eingeführt.

5. Die Epitimia (vom Priester dem Beichtenden auferlegte Bußübungen: bestimmte Gebete, eine Anzahl von Verbeugungen, Fasten, Almosen, Wallfahrten und ähnliches) waren in der alten Kirche kanonische Bußstrafen der öffentlichen Bußdisziplin und trugen vindikativen Charakter. Im neueren orthodoxen Bußritus haben sie keinen

Straf- und Sühnecharakter und keine satisfaktorische Funktion. Die orthodoxen Bußübungen sind heilende, medizinische und pädagogische Mittel, die denen, die Buße tun, zur Besserung und Bestärkung in der Tugend dienen und auf die anderen als Beispiel wirken[7]; die abendländische Auffassung von den satisfaktorischen Bußwerken konnte im orthodoxen dogmatischen System keinen Platz finden. Die orthodoxe Kirche hält fest, daß mit der Vergebung der Sünden auch die Sündenstrafen nachgelassen werden.

Allerdings erteilten und erteilen einige orthodoxe Bischöfe und Patriarchen in besonderen Indulgenzbriefen Lebenden wie Verstorbenen Vergebung aller Sünden und Lösung von allen Fesseln kanonischer Exkommunikation oder menschlicher Verfluchung. Das ist eine Ausnahme in der pastoralen Praxis. Das Glaubensbekenntnis der Synode von Konstantinopel aus dem Jahr 1727, das die Patriarchen von Konstantinopel, Antiochien und Jerusalem unterzeichneten, betont, daß der Gebrauch von Vergebungsbriefen »für die Gläubigen eine höchst heilsame Zuflucht ist« und daß sie »in der ganzen katholischen Kirche und von den vier heiligsten Patriarchen von Konstantinopel,

[7] Vgl. F. Heiler, a. a. O. 269 f. I. Karmiris, Abriß der dogmatischen Lehre der orthodoxen katholischen Kirche, in: P. Bratsiotis, Die orthodoxe Kirche in griechischer Sicht, 110, schreibt: »Die auf wahre und aufrichtige Buße und Beichte hin gewährte Verzeihung und Vergebung der Sünden ist vollständig und vollkommen; sie bedarf keiner Ergänzung; die vom Priester dem Beichtenden auferlegten Bußübungen sind jedoch bloß heilsame Heilmittel zur Versicherung der erlangten ethischen Genesung und Heilung und zur Entwurzelung der Leidenschaften ... In der Beichte (wird) denen, die aufrichtig und von ganzem Herzen bereuen, vollständig und vollkommene Sündenvergebung gewährt. So ist klar, daß die auferlegten Bußübungen, die ohnedies weder ein wesentlicher Teil des Sakramentes noch dessen Ergänzung sind, einfache therapeutische Heilmittel sind, die der jeweiligen Krankheit entsprechen. Sie werden nicht immer jedem Beichtenden auferlegt, sondern nur denen, bei denen es der geistliche Vater für richtig hält.«

Alexandrien, Antiochien und Jerusalem gewährt werden, jedoch sparsam und mit geistlicher Klugheit, wem und wann sie not tun, weil in diesen Dingen die östliche Kirche sorgfältig verfährt ...«[8].

6. Die heutige orthodoxe Praxis kennt eine sehr enge Bindung zwischen Beichte und Kommunion. Wir müssen hierzu betonen, daß die Beichte gegenüber der Eucharistie übergewichtig werden kann, wenn sie in jedem Fall vor der Kommunion als verpflichtend gilt.

Zusammenfassend ergibt sich, daß die orthodoxe Schrittfolge von Reue, Beichte, Lossprechung und Bußübung wenn auch nicht ganz, so doch im wesentlichen der lateinischen Einteilung in contritio, confessio, satisfactio entspricht. Die »satisfactio« ist der orthodoxen Frömmigkeit und Theologie fast ganz fremd geblieben. Sonst aber müssen wir feststellen, daß östliche und westliche Bußpraxis denselben Geist und Charakter haben.

[8] Mansi 37, 904.

Antonios Alevisopoulos

BUSSE UND BEICHTE IN PASTORAL UND KATECHESE DER KIRCHE VON GRIECHENLAND

1. Metanoia als Rückkehr in die Situation der Taufe

Wenn ein Glied der Kirche nicht das Leben der Kirche lebt, schwächt es die Bindung mit ihr und baut durch sein sündhaftes Leben den Leib der Kirche ab. Deswegen übt die Sünde negativen Einfluß auf das Leben des ganzen Leibes der Kirche aus, denn sie schwächt und bricht den Bund der Liebe zwischen den Gliedern. Demnach ist sie keine private Angelegenheit des Gläubigen. Sie hat ernste Auswirkungen auf den gesamten Leib der Kirche, wie es in den Apostolischen Konstitutionen heißt: »Wenn jemand überführt wird, daß er Unrecht tat, schadete er nicht nur sich selbst, sondern fügte dem gesamten Leib der Kirche Schmähung zu und auch der Lehre, weil uns dann der Vorwurf trifft, daß wir nicht tun, was wir gut heißen.«[1] Wenn es Hauptziel der Kirche ist, die zerstreuten Kinder Gottes zur Einheit zu sammeln[2], widersetzt sich die Sünde diesem Ziel nicht nur, weil sie Wunden am Leib der Kirche verursacht, sondern auch, weil sie die Kraft der kirchlichen Botschaft vor den Nichtchristen schwächt. Beim Überwinden der Sünde handelt es sich also nicht einfach um die Zurückführung des einzelnen, des »verlorenen Schafes«, sondern um Sicherheit und Heil der ganzen Herde, die durch den Weggang und die Trennung des einen gefährdet wird. »Sag mir nicht, daß er allein sündigte«, heißt es bei Johannes Chrysostomos, »sondern bedenke, daß das Böse eine Fäulnis ist und auf den übrigen

[1] II, 8, 3, Editio Funk, 45.
[2] Vgl. Joh 11, 52.

Leib verheerend übergeht... Ein Feuer ist es; laßt uns dem Bösen zuvorkommen. Löschen wir den Feuerbrand, bevor er die Kirche ergreift. Wenn du die Sünde leicht nimmst, weil sie ein anderer beging, so tust auch du schlecht, denn auch jener ist ein Glied des ganzen Leibes.«[3] Wir finden deshalb in der Tradition der orthodoxen Kirche Menschen, die vom Geist Gottes durchdrungen, mit Paulus das Heil des Nächsten ihrem eigenen Heil vorziehen[4].

Gegen die Sünde und ihre Auswirkungen besitzt die Kirche als Heilmittel Buße und Beichte. Die Metanoia führt den Menschen nämlich an seinen alten Platz bei den Brüdern und zur Einheit der Kirche zurück. Der Sünder wird durch die Metanoia wieder »der Herde Christi zugehörig«, wie Chrysostomos sagt. Der Hirt darf sich also einem reuigen Sünder gegenüber nicht gleichgültig verhalten, wenn er nicht Verrat üben will am Leib der Kirche. Die Kirche muß den Sünder wieder in ihre volle Gemeinschaft aufnehmen; sie muß ihn wieder in die Situation versetzen, die er nach der Taufe hatte, von der er sich aber durch die Sünde entfernte. Bei der Rückkehr in die volle Gemeinschaft der Kirche wird die Krankheit von Christus, dem Gottmenschen, aufgenommen und geheilt. So repräsentiert der Beichtvater »nicht nur Christus, sondern auch den Leib Christi, die Kirche, mit der er den Beichtenden versöhnt«[5]. Die Wunde wird geheilt von der Kirche, vom Leib Christi, und damit von Christus selbst, der die Sünde überwand und deren Sold, den Tod, besiegelte. Auch das Herrenwort von der Löse- und Bindegewalt an Petrus und an die übrigen Apostel macht deutlich, daß das Sakrament der Beichte nicht unabhängig oder losgelöst

[3] De poenitentia, I, MG 49, 281.

[4] Man denke etwa an den hl. Kosmas Aitolos (vgl. A. Kantiotis, Κοσμᾶς ὁ Αἰτωλός, Athen 1966, 247) oder an den Ausspruch des Beichtvaters Amphilochios von Patmos: »Ohne euch, meine Kinder, möchte ich nicht ins Paradies.«

[5] G. Kapsanis, Ἡ ποιμαντικὴ μέριμνα τῆς Ἐκκλησίας ὑπὲρ τῶν φυλακισμένων Athen 1969, 122.

von der Kirche vollzogen werden kann. So betet der Geistliche beim Lossprechen: »Und trenne ihn nicht von deiner heiligen katholischen Kirche, sondern füge ihn deiner reinen Schafherde bei und würdige ihn wieder, Erbe deiner Königsherrschaft zu werden.«

Versöhntsein mit der Kirche ist ein wesentliches Merkmal des Lebens in Christus; denn außerhalb ihrer Gemeinschaft kann es dieses Leben nicht geben. Darum durchdringt der Gedanke der Versöhnung und der Eingliederung in den Leib der Kirche beziehungsweise der Förderung dieser Einheit das gesamte liturgische Leben der orthodoxen Kirche, in dem es nichts gibt, was rein privaten Charakter hätte. Aus den Gebeten der Kirche spricht die pastorale Sorge um den Aufbau ihres Leibes, der in der Taufe grundgelegt, im Bußsakrament erneuert und durch die Teilnahme an der hl. Eucharistie vollendet wird. Das Sakrament der Kirche ist ein Zusammenführen der zerstreuten Kinder Gottes zur Einheit untereinander und mit der heiligen Dreifaltigkeit im Leibe Christi. Zeugnis und Offenbarung dieses Ereignisses ist das liturgische Leben der Kirche, vor allem die hl. Eucharistie. Die Sorge um das Wiedergewinnen oder Aufrechterhalten der Einheit der Gläubigen mit dem Vater durch den Sohn im heiligen Geist wird deutlich, wenn der Priester in der Anaphora der Basiliusliturgie betet: »Sammle die Zerstreuten; führe die Verführten zurück und vereine sie mit deiner heiligen, katholischen und apostolischen Kirche!« und: »Uns alle, die wir an demselben Brot und demselben Kelch teilhaben, laß untereinander eins sein in der Gemeinschaft des einen Heiligen Geistes.« In diesem ekklesiologischen Rahmen erscheinen Metanoia und Beichte als zweite Taufe, als Rückkehr in den Zustand der Taufe, als »ἀνάκλησις βαπτίσματος« wie Johannes Klimakos sagt[6]. Durch die Taufe bekommt der Gläubige Anteil an Christi Kreuzestod, durch die Eucharistie an seiner Auferstehung, die die Auf-

[6] Scala paradisi V, MG 88, 764 B.

erstehung des ganzen Leibes der Kirche ist. Unabdingbare Voraussetzung solchen Anteilnehmens, das Teilhabe an der Königsherrschaft Gottes bedeutet, ist die Metanoia. Deshalb verstehen wir Johannes Klimakos, der sagt, daß keiner ohne Sündenbekenntnis das Heil erlange[7].

So wird deutlich, daß die Metanoia nicht nur dem sittlichen Leben und der moralischen Förderung des Menschen dient, sondern auch eine Stütze ist für seine wahre Natur, für die in der Taufe gewährte Wiedergeburt zur Teilhabe am Leib Christi und zur inneren Verklärung. Das erste, entscheidende Gebot des Evangeliums ist der Bußruf des Herrn, der mit der Verkündigung der Königsherrschaft Gottes in eins gesetzt wird[8]. Der Bußruf »μετανοεῖτε« ist die entscheidende Forderung des Herrn an den Menschen. Im Bußsakrament erreicht daher die pastorale Sorge des Hirten den Höhepunkt, denn dieses bewirkt die volle Rückführung des Sünders und trägt zum Aufbau des Leibes der Kirche bei, der in der Teilnahme an der Eucharistie noch vollendet und besiegelt werden wird. Nach Symeon, dem neuen Theologen, »muß der Mensch wirklich umkehren und wahrhaftig durch die Tore der Metanoia gehen. Die Tränen müssen ihn reinigen und ihm eine zweite Taufe spenden, jene Taufe, von der der Herr im Evangelium sagt: ›Wenn jemand nicht aus Wasser und Geist geboren wird, kann er nicht in das Gottesreich eingehen‹. Die Taufe der Tränen ist nicht mehr der Typus der Wahrheit, sondern die Wahrheit selbst.«[9]

Es ist eine Tatsache, daß der ekklesiologische Charakter der Beichte in der Praxis der orthodoxen Kirche besser ausgeprägt blieb. Bezeichnenderweise ist der Orthodoxie der Beichtstuhl der römisch-katholischen Kirche unbekannt, der den Beichtenden vom Beichtvater trennt und nur durch eine kleine Öffnung für das Ohr allein Kontakt erlaubt. Wir beichten in der Kirche, ohne Trennung

[7] A. a. O. 684 D.
[8] Vgl. Mk 1, 14 f.
[9] O. Clément, Ἡ λειτουργία μας, Athen 1963, 165 f.

zwischen Priester und Beichtendem. Der ekklesiologische Bezug wird auch dadurch bekräftigt, daß es in der orthodoxen Kirche einen eigenen Gottesdienstritus für die Beichte gibt. Er ist im Ritualbuch enthalten, das heute bei den Priestern Griechenlands in Gebrauch ist[10]. So ist das Beichtsakrament fest in das liturgische Leben der Kirche eingefügt.

2. Metanoia als Heilung für die Seele

Wir sagten bereits, daß im Sakrament der Metanoia die pastorale Sorge der Kirche um die volle Rückführung der Sünder in die kirchliche Gemeinschaft, die durch die Eucharistie vollendet und besiegelt wird, ihren Höhepunkt erreicht. Die Kirche wird in den Apostolischen Konstitutionen als »sanfter Friede« bezeichnet und der Bischof als »erfahrener und mitleidvoller Arzt, der alle durch Sünde Verwundeten heilt«. Ihm wird gesagt: »Als Arzt der Kirche des Herrn gib jedem Kranken die entsprechende Therapie, heile sie auf jedwede Art, mache sie gesund und gib sie der Kirche gerettet zurück.«[11] Die Metanoia ist demnach eine Heilung für die Seele, und der Geistliche wird zum Seelenarzt, der nicht nur die kranken Glieder der Kirche durch entsprechende Therapie heilen, sondern auch für die Erhaltung ihrer seelischen Gesundheit, für ihre Heiligung und ihre volle Eingliederung in die Kirche

[10] Vater Angelos Nissiotis, der in jüngster Zeit einer der bekanntesten Beichtväter der Kirche von Griechenland war, empfiehlt ausdrücklich, die Gebete auch bei großem Andrang des Volkes nicht wegzulassen, sondern sie als Gemeinschaftsgebet für alle Beichtenden zusammen zu verrichten. Er drängt auf eine verkürzende Reform des gebräuchlichen Beichtgottesdienstes. Die Neubearbeitung müßte den ekklesiologischen Charakter des Bußsakraments wahren und weiter unterstreichen. (Vgl. Angelos Nissiotis, Ὁ πνευματικὸς καὶ τὸ ἔργον του, Athen 1959, bes. 83.)

[11] II, 20, 10–11, Editio Funk, 77.

sorgen muß. »Die Metanoia ist ein Heilmittel, das die Sünde tilgt«, sagt Chrysostomos[12]. Gegen die Neigung des Menschen zur Sünde ist die Metanoia das Gegengewicht; der Mensch ist berufen, sie ständig und für sein ganzes Leben zu üben[13]. Sie ist der sichere Hafen, in dem jeder Sünder Gesundheit, Versöhnung und Heil findet. »Welcher vom Sturm Bedrängte und zu diesem Hafen Flüchtende wird nicht gerettet? Und welcher vom Schmerz Gequälte, der vor dieser Heilstätte niederfällt, wird nicht geheilt? Schöpfer des Alls und Arzt der Kranken, Herr, bevor ich am Ende umkomme, errette mich!«[14]

Die Pastoralsorge des Geistlichen darf sich nicht in der Sündenvergebung erschöpfen. Als guter Seelenarzt hat er auch die Aufgabe, sich um die volle Heilung des Sünders und um die Erhaltung des neuen Lebens zu kümmern. Er sucht nach den verborgenen Ursachen der Krankheit und erstrebt eine volle Diagnose, die er dem reuigen Sünder begreiflich macht. So führt er die Seele »zur Einsicht in die sie beherrschende Sünde, damit sie erkennt, worin sie unfreiwillig der Sünde unterworfen ist, aus der Schlinge des Teufels erwacht, und das Erbarmen Gottes findet, das denen bereitsteht, die zum Beistand der Wahrheit umkehren.«[15] Er stellt die besonderen Umstände und Gründe heraus und zieht die gesamte Verfassung des Beichtenden in Betracht, das heißt er untersucht alles, was diesen beeinflußt, und kann zu einer erfolgreichen Therapie schreiten, wenn er seine pastorale Sorge ganz auf die konkrete

[12] De poenitentia VII, MG 49, 325; vgl. auch Basilios der Große, Regulae fusius tractatae, 53, MG 31, 1044 A.

[13] »Zwei Dinge gibt es: Sünde und Buße; die Sünde ist Wunde, die Buße Heilmittel. Was für den Leib Wunden und Heilmittel sind, sind für die Seele Sünden und Buße.« (Joh. Chrysostomos, De poenitentia VIII, MG 49, 338.)

[14] Aus einem Apostichon Katanyktikon der Vesper vom Montag des 4. Tones.

[15] Basilios der Große, Regulae brevius tractatae 16, MG 31, 1093 AB.

Person ausrichtet[16]. Sein Ziel ist das volle Aufdecken der eigentlichen Gründe für die krankhaften Neigungen der Seele. Dann wird die Metanoia für den Menschen zu einem bleibenden seelischen Zustand, zur ständigen Bewegung auf Gott hin und zur fortdauernden Rückkehr aus jedem gottfernen Bereich auf ihn zu.

Der Seelenhirt muß die Heilung schützen und sichern. Er muß dem Sünder beistehen, ihn »gesund und rein, hoffnungsvoll, tüchtig, eifrig in guten Werken« machen[17]. Durch die Taufe hat sich der Gläubige Christus angeschlossen. »Hast du dich Christus angeschlossen?«, wird bei der Taufe gefragt, und der Täufling antwortet: »Ich habe mich angeschlossen!« Er begibt sich durch dieses Versprechen in einen ständigen Kampf, damit es lebenslang gültig bleibt. Solch ständiges Wachen und solcher Kampf sind nicht nur für den Sünder wichtig, der das »Kleid der Unverweslichkeit« befleckte und »das geistliche Siegel« verletzte, oder, wie Gregor der Theologe sagt »das Nach-dem-Bild-des-Schöpfers-Sein zerriß«. Sie sind für alle Gläubigen verpflichtend, denn alle sind sie berufen, ihr Sein nach dem Bild des Schöpfers rein und das geistliche Siegel unverletzt zu erhalten. Wenn der Mensch nämlich durch die Taufe »zum vernünftigen Schaf der heiligen Herde Christi« wird, »zum treuen Glied der Kirche, zum Sohn des Lichtes und zum Erben des Gottesreiches« wird er berufen, heilig, »im orthodoxen Glauben gefestigt«, »vom Bösen und all seinen Nachstellungen erlöst« und »durch heilbringende Gottesfurcht in Unschuld und Gerechtigkeit seiner Seele erhalten« zu bleiben, »auf daß er in jedem Werk und Wort Gott wohlgefalle«.

Das himmlische Reich wird für den Gläubigen Wirklichkeit in der hl. Eucharistie. In ihr lebt der Mensch bereits in den Eschata, in den Tagen des Herrn. Sein ganzes Leben ist fortdauernde Vorbereitung darauf, ist Erwar-

[16] Darüber siehe K. Mouratidis, Χριστοκεντρικὴ ποιμαντικὴ ἐν τοῖς ἀσκητικοῖς τοῦ Μ. Βασιλείου, Athen 1969, 74.

[17] Apost. Konst. II, 20, Editio Funk, 77.

tung der Parusie. In solcher Sicht bildet die Metanoia ein einzigartiges Mittel zur Vorbereitung der Gläubigen auf die Eucharistie, ein entscheidendes und fundamentales Ereignis für das ganze Leben. Durch die Metanoia wird der Mensch Teilnehmer am Tisch des Herrn und überwindet die Zeit. Deswegen beten wir bei jedem Gottesdienst: »Daß wir die restliche Zeit unseres Lebens in Frieden und Metanoia vollenden, laßt uns vom Herrn erflehen!« Denn die Metanoia bietet die Möglichkeit, sich auf die Erwartung des Herrn vorzubereiten, den Weg für seine Ankunft zu ebnen, ja dem wiederkommenden Herrn entgegenzueilen. So wird sie für den Menschen zur Lebensaufgabe.

Für die Pastoralpraxis der Kirche bedeutet es ständige, mühevolle Arbeit, die Gläubigen stufenweise in das Leben der Kirche einzuführen und in ihm zu festigen. Charakteristisches über die griechische Praxis gibt eine weitverbreitete kleine Schrift mit dem Titel »Metanoia« wieder, wo es unter anderem heißt: »Durch Buße und Beichte erhält der sündige Christ volle Vergebung, wird er von der Schuld befreit und kehrt zum normalen geistlichen Leben, das er in der Taufe empfing, zurück. Aber er ist noch ein Kleinkind und Säugling in diesem Leben. Wie der Säugling nicht sofort zum Mann werden kann, sondern viele Stufen durchmachen muß und vieler Mittel zur Entwicklung und zur Verteidigung gegenüber den Gefahren, die seinem Leben drohen, bedarf, so kann auch der Christ, der durch die Metanoia ins geistliche Leben zurückkehrte, nicht gleich in den Zustand der Heiligkeit und sittlichen Vollkommenheit übergehen. Er wird stufenweise wachsen, denn er wird durch viele Versuchungen gehen, meistens mit kleinen Schritten, auf einem schmalen, schwer gangbaren Weg voller Hindernisse.«[18]

[18] Μετάνοια, hrsg. von »Zoe«, 5. Aufl., Athen 1968, 99.

3. »*Maßstab für das Lösen ist, daß man den Gebundenen gewinne.*«

Dieser Satz des hl. Johannes Chrysostomos gibt dem Beichtvater das geistliche Kriterium zum Wählen der jeweils geeigneten Heilmittel[19]. Gleichzeitig macht er deutlich, wie schwierig und mühevoll das Werk des Geistlichen ist, wenn dieser das Schwergewicht seiner pastoralen Sorge dem Gewinnen und geistlichen Erbauen des Beichtenden zuwendet. Er muß die Natur der Sünde und die seelische Verfassung des Beichtenden genau kennen. Sonst bestünde Gefahr, daß er das Ziel, den Gebundenen zu gewinnen, aus den Augen verliert, und die Beichte vom Sakrament der Gnade in einen juristischen Prozeß umgewandelt wird, der nur trockene und nivellierende Paragraphen anwendet, nach denen für jede Sünde im voraus für eine bestimmte Zeit der Ausschluß von der Eucharistie festgesetzt ist, ganz unabhängig von der Person und seelischen Konstitution des einzelnen Menschen. Deswegen sagt Johannes Chrysostomos: »Der Hirt bedarf großer Besonnenheit und der Fähigkeit der Seele, von überall zu beobachten.«[20] »Denn die Metanoia darf nicht allein nach der Natur der Sünden bemessen werden, sondern auch nach der Gesinnung und seelischen Beschaffenheit des Sünders.«[21] Gregor von Nyssa mahnt, der Geistliche müsse darauf achten, welche Gesinnung der in der Heilung Stehende habe; er dürfe die Zeit nicht als genügend zur Heilung betrachten, sondern müsse auch den Willen dessen berücksichtigen, der durch Umkehr seine Heilung erstrebt.

Eine juristische Auffassung und gleichförmige Praxis ist in der orthodoxen Kirche unbekannt. Deswegen beginnt das Werk des Geistlichen bei jedem Beichtenden von

[19] Vgl. K. Strationis, Ἡ ποιμαντικὴ τοῦ ἁγίου Ἰωάννου τοῦ Χρυσοστόμου, Thessaloniki 1935, 123.

[20] De poenitentia I, MG 49, 279.

[21] Ders., Hom. 4, 4 über 2 Kor, MG 61, 422.

neuem. »Nicht alle Menschen sind von derselben Krankheit befallen und nicht alle vertragen dieselbe Therapie; wie die Leiden zahlreich und vielfältig sind, müssen auch die Heilmittel mehr und vielfältig sein ... Was dem einen nützt, hat den anderen geschadet und was anderen gut tat, hat wieder andere zugrunde gerichtet.«[22] Wenn der Geistliche diese Regel zu wenig beachtet und eine einzige Therapie-Methode auf alle anwendet, besteht die Gefahr des Mißerfolges. Die Kirchenväter mahnen, beim Auferlegen der Buße darauf zu achten, daß weder durch maßlose Strenge noch durch übertriebene Milde der Beichtende in Verzweiflung, beziehungsweise in Leichtsinn gestürzt wird. Verzweiflung und Leichtsinn als Grenzmarken meidend, muß der Beichtvater sich in dem weiten dazwischen liegenden Raum so bewegen, daß er der besonderen Situation eines jeden gerecht werden kann.

Die auferlegte Buße hat in der orthodoxen Kirche rein pädagogische Bedeutung und soll beim Beichtenden wahre Metanoia erzeugen, ihm helfen, die bösen Neigungen auszurotten, ihn in seinem neuen Leben schützen und ihm bei seinem Aufstieg beistehen. Deswegen kann sie auch nicht im voraus bestimmt werden. Es ist kein Zufall, daß das 6. Ökumenische Konzil, das durch seinen ersten Kanon die Vorschriften früherer Konzilien bestätigt, die für verschiedene Sünden entsprechende Bußwerke bestimmten, durch seinen letzten Kanon den Ermessensspielraum herausstellt, der den Geistlichen zukommt, damit sie die Menschen sicher führen. »Vielfältig und vielgestaltig« nennt der Kanon die Sünde; sie verzweige sich vielfach, und so breite das Böse sich aus. Außerdem böten die Beichtenden ein verschiedenes Bild. Verschieden sei auch ihre Einstellung zur Sünde und ihr Kampf gegen diese. Mancher neige mehr zur Krankheit, während das Streben nach Gesundheit bei anderen größer sei. Was für den einen Quelle des Mutes und der Hoffnung sei, lockere für den anderen

[22] Isidoros Pilousiotes, ep. 145, MG 78, 1225–1228.

die Zügel und würde ein Grund für den Verfall des geistlichen Lebens. An der Besonnenheit und Unterscheidungskraft des geistlichen Hirten liegt es, wegen der besonderen Situation und Persönlichkeit des einzelnen Menschen die Buße auszudehnen oder abzukürzen.

Mit anderen Worten: der Seelenhirt soll in seiner pastoralen Sorge von der konkreten Person und deren Seelenverfassung ausgehen, auch wenn dem Beichtenden selbst die eigene Situation noch gar nicht bewußt ist. Vom Geist Gottes erleuchtet kann er in die Seele tiefe Einblicke bekommen und so den Beichtenden und die Natur der Sünde wirklich erkennen.

4. Nicht jedem ist es gegeben, das rechte Urteil zu finden

Aus dem Gesagten wird verständlich, weshalb in der Kirche von Griechenland – wie in der orthodoxen Kirche überhaupt – der Priester eines besonderen bischöflichen Auftrages zum Beichthören bedarf. Nicht jeder Geistliche spendet in Griechenland das Bußsakrament. »Nicht an jedem ist es«, sagt Basilios der Große, »Strafen aufzuerlegen, wie es nicht an jedem ist, zu heilen; nur dem steht es zu, dem es der Vorsteher nach gründlicher Prüfung erlaubt.«[23] Wenn der Beichtvater nämlich die »Seelenheilkunde« nicht beherrscht, bestünde dieselbe Gefahr, wie wenn einer Heilmittel verordnet, ohne ärztliches Wissen zu haben. Er wird nicht nur nicht nützen, sondern schaden.

Der Beichtvater muß beim Beichtenden Vertrauen erwecken und ihm die Sicherheit geben, daß er seine seelische Gesundheit einem erfahrenen Arzt anvertraute und daß er für seinen geistlichen Weg einen fähigen Kapitän fand, der ihn nicht in den Schiffbruch, sondern in den sicheren Hafen führt. »Ehe wir Gehorsam leisten«, sagt Johannes

[23] Regulae fusius tractatae, 53, MG 31, 1044 A.

Klimakos, »laßt uns den Kapitän befragen und prüfen und ihn sozusagen erproben, damit wir nicht einen Matrosen für den Kapitän, einen Kranken für den Arzt, einen Leidenschaftsvollen für den Leidenschaftslosen und die offene See für den Hafen ansehen und dem Schiffbruch entgegeneilen.«[24]

Vor allem muß der Geistliche die Gabe der Unterscheidung haben. Er muß die Fähigkeit besitzen, in die Seele des Beichtenden einzudringen, um den Grund der Krankheit zu entdecken und die geeigneten Heilmittel zu finden, die der Beichtende voller Vertrauen anwenden kann. Dazu muß der Priester um die Glaubenswahrheiten wissen, nicht nur durch trockenes Studium, sondern aus lebendiger Erfahrung. Und er muß den Menschen und seine Natur verstehen und auch die Auswirkungen sehen, die die Umwelt auf das sittliche Leben seiner Beichtkinder hat. Weil er als Mensch unter Menschen dies alles am eigenen Leib erlebt, kann er die Menschen von innen her kennen und sich mit ihnen identifizieren. Metropolit Antonij schreibt, der Seelenhirt kenne die Natur des Menschen sowohl durch die Erfahrung der Kirche als auch durch seine persönliche Erfahrung und seinen persönlichen Kampf, er spricht von einem besonderen »Charisma der Aneignung«, durch das der Geistliche in seinem Herzen jeden Menschen aufnimmt[25]. So fühle sich keine sündige Seele bei ihm fremd. Sie fühle seinen Geist, der sie mit Liebe und Sympathie umarmt und zu ihr in eine Gemeinschaft tritt, die man nur spüren, aber nicht analysieren kann.

Auf diese Weise kann der Geistliche, auch unabhängig von seiner Bildung oder seinen sonstigen äußeren Voraussetzungen, tiefen Einblick in die Seelen nehmen, die Wurzeln der Sünde entdecken und mit dem Beichtenden in wirklichen Kontakt und echte Gemeinschaft treten. Da er in Liebe mit Christus vereint ist, kann er den großen See-

[24] Scala paradisi, 4, MG 88, 660 CD.

[25] Mitropolit Antonij, Učenie o pastyre, pastyrstve i ob ispovedi, New York 1966, 58 f.

lenhirten nachahmen und die Sünden seiner Beichtkinder und ihre Krankheiten auf sich nehmen[26]. Nur so kann er sich wirklich mit ihnen identifizieren und ihre Sünden als seine eigenen empfinden. Solches »Aneignen« ist wesentlich für die orthodoxe Pastoral, der aller juridische Geist und alle taktischen Sympathiekundgebungen fremd sind.

»Sei vorsichtig in der Auswahl dessen, dem du deine Sünde bekennen willst«, sagt Origenes. »Prüfe zuerst den Arzt, dem du den Grund deines Kummers darstellen wirst, ob er versteht, mit Kranken krank zu sein und mit den Weinenden zu weinen, und ob er in der Lage ist, mitzuleiden und mitzufühlen, damit du, wenn er, der wirklich als fähiger und menschenliebender Arzt ausgewiesen ist, dir etwas sagt, seinen Rat in die Tat umsetzen und ihm folgen kannst.«[27] Anknüpfend an die Worte, die im Gleichnis vom verlorenen Sohn der Vater an den Erstgeborenen richtet, sagt Chrysostomos: »Einen Bruder siehst du, keinen Fremden! Er ist zum Vater heimgekehrt, der sich des Vergangenen nicht mehr erinnern kann, sondern nur an das denkt, was zum Mitleid bewegt, zum Erbarmen, zur Güte und zur Nachsicht, die den Eltern gut ansteht.«[28]

Das »Charisma der Aneignung« findet sich bei den großen Beichtvätern Griechenlands. Von Vater Gervasios Paraskevopoulos wird berichtet, daß er nicht zögerte, den Beichtenden zu umarmen und zu küssen, wenn er große Reue und Tränen bemerkte. »Er weinte wie ein Vater

[26] Vgl. Jes 53, 4. 12; 1 Petr 2, 24. In den Apostolischen Konstitutionen lesen wir: »Ihr seid Nachahmer Christi, des Herrn. Wie er die Sünden von uns allen auf das Holz hinauftrug und schuldlos für diejenigen gekreuzigt wurde, die Verdammnis verdienten, so müssen auch wir uns die Sünden des Volkes zueignen.« (II, 25, 9, Editio Funk, 97) »Der Bischof soll sich die Sünde aneignen und dem Sünder sagen: Kehre du nur zurück und ich werde an deiner Statt den Tod annehmen, wie der Herr es für mich und für alle tat« (II, 20, 6, Editio Funk, 75)

[27] Hom. 2 in Ps. 37, 6, MG 12, 1386 B.

[28] De poenitentia, I, MG 49, 283 f.

oder eine Mutter, freute sich aber auch mit seinen Beichtkindern ... Die meisten waren hingerissen von seiner verschwenderischen Fürsorge als Beichtvater ... Er war erfüllt von Erbarmen und Zärtlichkeit.«[29]

Vater Amphilochios Makris aus Patmos sagte zu seinen Beichtkindern: »Ich bin ein armer Vater, aber Vaterliebe habe ich viel für euch. Je mehr der Mensch Gott liebt, desto mehr Liebe empfindet er für die Menschen. Er liebt sie wie Bilder Gottes, mit Ehrfurcht, Zartgefühl und Heiligkeit.« Wenn er echte Reue wahrnahm, erlaubte er den Empfang der Eucharistie auch ohne vorherige entsprechende Bußübungen, denn er sagte: »Wenn du einen Menschen siehst, der müde ist von der Last der Sünde, lege ihm keine weitere Last mehr auf die Schultern, denn seine Knie würden wanken.« Während der Beichte zeigte er große Geduld. Wenn er Tränen sah, wurde er sehr gerührt und vergoß selbst mit den Beichtenden Tränen. Er meinte, es sei viel besser, einige Tränen zu vergießen als viele Ermahnungen zu geben. Der Beichtvater, sagte er, müsse oft Tränen vergießen und größeren Schmerz empfinden als der Beichtende, damit er diesen erleichtere. »Wir müssen Menschen voller Gnade sein, damit jeder, der sich uns nähert, erleichtert wird. Wir sollen alle als höherstehend betrachten, wie viele Schwächen auch immer sie haben mögen. Wir dürfen uns nicht hart verhalten, sondern müssen immer bedenken, daß auch der andere dieselbe Bestimmung hat wie wir.«

Von einem anderen Geistlichen wird erzählt, daß er bei kleineren Sünden entsprechende Ratschläge und Anweisungen gab und die Lossprechung erteilte. Bei schweren Sünden verließ er jedoch den Beichtenden, ging zum Altar und betete dort unbemerkt unter Tränen. Dann kehrte er zum Beichtenden zurück, sprach die Absolution, ohne ihm etwas zu sagen, und ließ ihn gehen. »Wenn es sich um kleinere Sünden handelt, berate ich die Menschen, wie ich

[29] Vgl. I. Tsantilis, Παρασκευόπουλος Γερβάσιος, In: Θρησκευτικὴ καὶ ἠθικὴ Ἐγκυκλοπαιδεία, 10, 48–53.

kann,« sagte er. »Wenn es sich aber um sehr schwere Sünden handelt, was kann da ich armer Mensch tun? Ich vertraue die Heilung Christus an, spreche das Gebet und lasse ihn in Frieden gehen.«

Vor einem solchen Beichtvater offenbart der Gläubige seine ganze innere Welt, jedes Problem, das ihn beschäftigt, ob es mit einer Übertretung der Gebote Gottes zusammenhängt oder nicht, aber doch den Lebensweg entscheidend beeinflußt. Ein solcher Hirte erbittet von Gott nicht nur die Vergebung der Sünden des Beichtenden, sondern ist fähig, ihn richtig zu leiten[30].

Für den Beichtenden aber gilt das Wort des hl. Johannes Klimakos: »Enthülle deine Strieme dem Arzt; scheue dich nicht und sage: Mein ist die Wunde, Vater, mein sind die Schläge; eigene, nicht fremde Leichtfertigkeit hat sie mir beigefügt; keiner ist schuld daran, weder ein Mensch, noch ein Geist, noch ein Körper, noch irgend etwas anderes, sondern nur meine Nachlässigkeit. Sei bei der Beichte im äußeren Aussehen und in der Gesinnung wie ein Verurteilter. Beuge dich zur Erde und, wenn möglich, benetze die Füße des Richters und Arztes wie die Füße Christi mit Tränen.«[31]

[30] Vgl. J. Kornarakis, Τὸ πρόβλημα τῶν σχέσεων πιμαντικῆς φροντίδος καὶ ψυχοθεραπείας ἐξ ἐπόψεως ὀρθοδόξου, Athen 1957, 21.

[31] Scala paradisi, IV, MG 88, 708 f.

Dimitrije Kalesić

BEICHTE BEI DEN SERBEN

Wer beichten will, hat etwas in der Tiefe seiner Seele verborgen, etwas sehr Intimes, das er gewöhnlich alleine, ohne Zeugen und Gefährten tat. Sein Gewissen lehnt sich dagegen auf und drängt ihn mit kraftvoller Stimme zum Beichten. Das Beichtbekenntnis bringt konkrete Fakten aus den Tiefen der Person, gegen die das Gewissen Anklage erhebt, ans Licht, seien es Gedanken oder Taten. Weil der Mensch den moralischen Unwert dieser Fakten erkennt und der berechtigten Kritik seines Gewissens zustimmt, wird er von diesen Tatsachen und von der Kritik an ihnen bedrängt und sieht sich von innen heraus veranlaßt, darüber zu sprechen, zu beichten. Man beichtet also nicht, weil es einem redselig ums Herz ist, auch nicht, weil man von außen her dazu genötigt würde, sondern weil man von innen her danach verlangt: die Beichte ist Ausdruck des Subjektes selbst.

Das Motiv für die Beichte kann zweifach sein; wir unterscheiden eine Beichte um des Gewissens willen und eine Beichte zur Lossprechung von Sünden.

Das erste Motiv begegnet oft in unserer Volksliteratur, in lyrischen und epischen Gedichten, in Volkserzählungen, in volkstümlichen Sprichwörtern und in den alten Chroniken; es gibt dafür zahlreiche Beispiele im Volksleben der näheren und ferneren Vergangenheit, und heutzutage finden wir interessanterweise solche Phänomene selbst bei Atheisten. Zwar wollen die Atheisten von Gott, Seele, Sünde usw. nichts wissen, aber sie verurteilen, was charakterlos ist, und tragen ebenfalls schwer daran, wenn geheime böse Taten ihr Gewissen bedrücken. Wird der innere Druck unerträglich, geht man zu einem Mitmenschen, um seine Schwierigkeit mit diesem zu teilen. Dieses »Sich-Anvertrauen« ist etwas wie eine »atheistische Beichte«.

Religiösen Menschen geht es bei der Beichte um Lossprechung von Sünden. Wenn der Gläubige beichtet, bringt er alles in seiner Seele Verborgene vor Gott ans Licht und nimmt seinen Beichtvater dabei zum Zeugen. So beichtet man in der Regel vor dem Empfang der heiligen Kommunion; es kommt aber auch vor, daß Menschen beichten, die nicht die Eucharistie empfangen wollen. Eine Beichte ist nicht etwa nur ein kurzer Dialog – auf einen solchen reduziert sich auch die oben erwähnte Aussprache keineswegs –, ihr geht vielmehr eine eingehende Selbstanalyse und radikale Selbstkritik voran, bei der der Mensch alle seine Taten je nach dem Urteil seines Gewissens als gut oder schlecht bewertet. Wo immer das Gewissen Einspruch erhebt, distanziert sich der Mensch bei diesem Vorgang entschieden von seiner Tat. Der Mensch erkennt die psychologische und moralische Armseligkeit seiner Handlungsweise und seines eigenen Ich. Vor ihm tut sich ein Abgrund auf, und er bereut. Das Bereuen, das Von-sich-Werfen und Verurteilen der eigenen Tat erfolgt aus einer Überzeugung heraus, die sich der Mensch dank seines Gewissens bildete, eines Gewissens, das ihm wie ein objektiver Kritiker gegenübersteht. Das Gewissen allein spricht jedoch von der Sünde nicht los; nur Gott vergibt und vernichtet sie. Der Mensch braucht die objektive Erfahrung von der Vernichtung seiner Sünden, mit denen er während der Vorbereitung auf die Beichte ringt. Daher kommt er zum Priester und eröffnet diesem seine Seele. Dabei erhebt das Gewissen mit klarer Stimme Anklage und Kritik; vor der Stimme, die ihn verklagt, vor Gott, den er um Lossprechung bittet, und vor dem Priester, der bei all dem Vermittler ist, führt der Mensch sein geistliches Ich aus dem engen Rahmen seiner Eigeninteressen und Selbstzufriedenheit heraus, nimmt die Kritik an und legt seine Taten in allen Einzelheiten offen. Tiefer Ernst kennzeichnet die Aussprache, bei der der Mensch sich als Erniedrigter vor sich selbst, vor seinem Gewissen, vor dem Priester und vor Gott erfährt. Nur aus dem tiefen Bewußtsein eigener Schuld kann eine solche Erfahrung resultieren, nicht aber aus vordergründigen Gedanken oder Gefühlen. So vollzieht sich also ein inneres Drama, dessen letzter Teil vor dem Priester vor sich geht, freilich nicht vor dem Priester als einem schwachen Menschen, sondern vor dem Priester als einem Diener des allmächtigen Gottes, an den das Gebet um Vergebung gerichtet ist.

Wer sich nicht solcherart auf die Beichte vorbereitet hat, beichtet auch nicht. Wir setzen den Fall, einer will beichten, um anschließend zu kommunizieren, doch er stellt fest, daß er keine volle Ablehnung der Sünden empfindet, daß er nicht fähig ist, seine Sünde voll zu bereuen und von sich zu werfen. Ob er das dem Priester sagt oder nicht, bleibe dahingestellt. Sicher wird er nicht zur Kommunion gehen, denn er weiß, daß er seine Sünde nicht haßt, obwohl formal gesehen bei seiner Beichte alles geschehen wäre, auch ohne daß er wegen seiner Neigung zur Sünde die feste Entscheidung getroffen hätte, seine Sünde von sich zu werfen. Hat er einige Zeit später seinen Hang zur Sünde überwunden und kann er sie dann verurteilen, wird er von neuem beichten – und erst jetzt wird er mit ruhiger Seele und reinem Gewissen die Eucharistie empfangen.

Die Beichte erfolgt bei den Serben immer privat; öffentliche Beichten sind bei uns unbekannt. Man beichtet relativ selten, wie man auch selten kommuniziert. Dafür sind Beichte und Kommunion von sehr tiefem Ernst getragen.

In den Pfarrkirchen – auf den Dörfern wie in den Städten – werden die Beichtväter nicht oft mit außergewöhnlichen Fällen konfrontiert[1]. Hingegen haben die Beichtväter der Klöster, zumal in jenen Klöstern, die große Wallfahrtsorte sind, tagtäglich Begegnungen mit schweren und delikaten Problemen. Das liegt nicht an der Geistlich-

[1] Man gestatte diese Verwendung des Wortes »außergewöhnlich«. Selbstverständlich ist jeder Mensch mit den Erfahrungen seines Lebens als etwas »Außerordentliches« zu verstehen.

keit, sondern am Volk, denn wenn einer sich als großer Sünder empfindet, geht er in ein Kloster und beichtet vor den Reliquien des Heiligen oder vor der wundertätigen Ikone, die dort verehrt werden. Daß einzelne Mönche für hohe geistliche Fähigkeiten bekannt sind, verleiht ihrem ganzen Stand beim Volk besondere Autorität. Die Mönche wurden vom Volk in der Vergangenheit als besonders erfahrene Männer des Geistes verehrt; ihre Gottesdienste und Gebete galten als heiliger denn die Gottesdienste und Gebete der Weltpriester. Darum beichtet, wer sich besonders sündig dünkt, mit Vorzug in einem Kloster und empfängt dort die heilige Kommunion. Beichte und Kommunion anläßlich einer Wallfahrt zu einem Kloster bleiben dem Serben als strahlende und heilige Erlebnisse im Gedächtnis.

Peter Meinhold

ENTWICKLUNG DES BUSSWESENS UND HANDHABUNG DER BEICHTE IM LUTHERISCHEN PROTESTANTISMUS[1]

Die durch Luther bestimmte Reformation des 16. Jahrhunderts hat ihren Anfang durch einen Bruch der geltenden Bußlehre und durch eine Absage an die herrschende Beichtpraxis genommen. Dadurch ist sie schon in ihren Anfängen genötigt gewesen, die Thematik von Buße und Beichte neu zu durchdenken. Von dem neuen Sinn her, den sie diesen beiden Begriffen gegeben hat, ist sie dann bald zu einer neuen Bußordnung und Beichtpraxis gekommen. Seit den Tagen der Reformatoren bis in die Gegenwart hinein begleiten deshalb Buße und Beichte mit ihrer Problematik das kirchliche Leben des Protestantismus, weil dieser gerade in bezug auf diese Größen immer in Bewegung ist. Sie bilden für ihn immer ein reformatorisches Anliegen, das theologisch und in der kirchlichen Praxis ausgedrückt werden sollte und mit den Ordnungen des 16. Jahrhunderts nicht abgeschlossen war.

Niemand hat diese Zusammenhänge so deutlich erkannt und sie mit einem seltenen Einfühlungsbewußtsein in die Position des Protestantismus prägnant und kritisch dargestellt wie Abt Laurentius Klein[2]. Wenn es von evangelischer Seite zu keiner solchen Behandlung unseres Themas gekommen ist, so hat diese Tatsache nicht zuletzt darin ihren Grund, daß auf protestantischer Seite jede größere Erfahrung zur Praxis von Buße und Beichte fehlte und

[1] Diese Ausführungen wurden dem Symposion zusammen mit einer längeren Abhandlung über Buße und Beichte bei den Reformatoren vorgetragen; vgl. den »Bericht vom Symposion« am Schluß dieses Buches.

[2] Laurentius Klein, Evangelisch-lutherische Beichte. Lehre und Praxis, Paderborn 1961.

daß hier auch die theologische Besinnung zum Thema »Buße«, die diese als den ständigen Umgang des Christen mit dem Werke Christi begriffen hätte, nicht vorhanden war. Dadurch ist im Protestantismus eine Vernachlässigung der Thematik von Buße und Beichte eingetreten, die erst in der Gegenwart durch die Wiedergewinnung der lehrmäßigen Grundlagen, aber auch durch das Bemühen um die Erneuerung der kirchlichen Praxis hinsichtlich Buße und Beichte wenigstens zum Teil, wenn auch noch nicht im Bewußtsein des Kirchenvolkes, behoben worden ist.

Der Kleine Katechismus Luthers enthält Beichtanweisungen und kleidet die Beichte in eine liturgische Form.[3] Erst unter dem Einfluß des Pietismus hat die Beichte den Charakter von seelsorgerlichen Gesprächen angenommen, in denen dann auch die Buße praktiziert wurde, die dabei ihrem Inhalt nach mit der bewußten Abkehr von der »Welt« gleichgesetzt wurde. Damit wurde eine Entwicklung in der Auffassung der Buße eingeleitet, die ihr Gegenstück in der Herausbildung der Gestalt des Büßers hat, wie sie im katholischen und orthodoxen Mönchtum erfolgt ist, das ja ebenfalls den radikalen Bruch mit der Welt vollzieht, um sich ganz dem Leben der Heiligung ergeben zu können. Es ist leider viel zuwenig bekannt, daß sich an dieses Verständnis der Buße auch innerhalb des Protestantismus bestimmte Lebensformen angeschlossen haben, die in mancher Hinsicht den Erscheinungsformen des altkirchlichen Mönchtums durchaus entsprechen, sie nur in der anderen Umwelt und unter neuen soziologischen Bedingungen realisieren. Der Büßer verläßt die Welt und geht in die Einsamkeit der »Wüste«, teils um hier den Kampf mit den Dämonen aufzunehmen, teils um die von allen gesellschaftlichen Bindungen freie

[3] Im Kleinen Katechismus schließt sich an die Behandlung der Taufe folgender Abschnitt an: »Wie man die Einfältigen soll lehren beichten«, Bekenntnisschriften der evangelisch-lutherischen Kirche, 4. Aufl., 1959, S. 517 ff. mit den dazu gegebenen Verweisen auf weitere Äußerungen Luthers zur Beichte.

Stätte zur Verwirklichung seines Lebens der Heiligung zu finden.[4]

Nicht nur durch das seelsorgerliche Gespräch wurde das Beichtinstitut im Pietismus gefährdet beziehungsweise verändert. Die gleiche Wirkung hatte die im Pietismus üblich gewordene Absolutionsformel, welche die Vergebung in Ansehung der Buße oder Beichte des Konfitenten, nicht aber seines Glaubens, ausspricht: »Wie du beichtest, absolviere ich dich«, – wie unter Berufung auf Philipp Jakob Spener und August Hermann Francke gesagt worden ist.[5] Eine bedeutsame Verschiebung im Verständnis der Buße durch den Pietismus liegt auch darin, daß diese als der bewußt geführte Kampf gegen die Sünde und den alten Menschen, noch ganz im Sinne Luthers, verstanden wird. Aber die Abweichung von Luther setzt ein, wo dieser Kampf – besonders bei A. H. Francke und im hallischen Pietismus – mit dem erlebten, erfahrenen, jedenfalls vor allem nach seinen Umständen, nach Ort und Zeit festgehaltenen Durchbruch der Gnade in der »Bekehrung« gleichgesetzt wird. Die Buße vollendet sich in der »Bekehrung«, das heißt der bewußten Zukehr zu Gott und der entschiedenen Abwendung von der Welt, wozu es einer eigenen kirchlichen Handlung nicht mehr bedarf, denn der so »Bekehrte« wird auf dem einmal eingeschlagenen Wege seiner Heiligung immer größere Fortschritte machen, bis er an (oder in) den Zustand der Sündlosigkeit im Sinne eines Nicht-mehr-sündigen-Könnens gelangt ist.[6]

[4] Vgl. dazu Ernst Benz, Die protestantische Thebais. Zur Nachwirkung Makarios des Ägypters im Protestantismus des 17. und 18. Jahrhunderts in Europa und Amerika (Ak. d. Wiss., Mainz, Geistes- u. sozialwissenschaftl. Klasse Jg. 1963 Nr. 1), Wiesbaden 1963.

[5] Nach Paul Graff, Geschichte der Auflösung der alten gottesdienstlichen Formen in der evangelischen Kirche Deutschlands. 1. Bd. Bis zum Eintritt der Aufklärung und des Rationalismus, 2. Aufl. Göttingen 1937, S. 372 ff., bes. S. 376 über diese bedingte Absolution, s. auch S. 382 ff.

[6] Namentlich im reformierten Protestantismus, später auch

Die Aufklärung hat die Zerstörung des lutherischen Beichtwesens fortgesetzt. Hier geht nicht nur der Sinn für die Buße gänzlich verloren, auch die im Sinne Luthers geordneten kirchlichen Beichthandlungen erscheinen jetzt als überflüssig. Die in den lutherischen Kirchen noch bis in die zweite Hälfte des 18. Jahrhunderts festgehaltene Einzelbeichte wird ebenso wie die öffentliche Kirchenbuße ganz aufgegeben. Die Beichte lebt als sogenannte allgemeine oder öffentliche, die im Anschluß an die Predigt oder vor dem Abendmahl gehalten wird, noch fort – freilich auch mit einer entsprechend abgewandelten Absolutionsformel.[7]

Erst im 19. Jahrhundert setzt in der evangelischen Theologie und Kirche eine neue Besinnung auf das Wesen von Buße und Beichte und das Bemühen um ihre theologische Begründung und Wiedereinführung ein. Hier sind Claus Harms, Wilhelm Löhe und August Vilmar zu nennen, die sich von einem neuen, allerdings das anstaltliche Moment betonenden Kirchenverständnis her für die Wiedereinführung der Privat- oder Einzelbeichte und der öffentlichen Kirchenbuße einsetzen.[8] Freilich ist es erst in

im Methodismus, ist die sich an die »Bekehrung anschließende Heiligung« bis zum Perfektionismus gesteigert worden, vgl. z. B. die irischen Religionsartikel von 1650, 40, 41 (E. F. K. Müller, Bekenntnisschriften der reformierten Kirche, Leipzig 1903, S. 531, 37 ff). – Bekenntnis der Böhmischen Brüder von 1609, III 4 (a. a. O. S. 457, 45 ff). – Westminster-Confession von 1647, cap. 12 (a. a. O. S. 569, 37 ff). – Kl. Westminster-Katechismus von 1647, 35.36 (a. a. O. S. 646, 6 ff). – Bekenntnis der calvinischen Methodisten von 1823, 27 (a. a. O. S. 887, 5 ff). – Bekenntnis der Genfer Freikirche von 1848, 9 (a. a. O. S. 906, 10 ff). – Vgl. ferner Emanuel Hirsch, Geschichte der neueren evangelischen Theologie Bd. II (Gütersloh 1951) S. 190 f.

[7] Graff a. a. O. Bd. II S. 279 ff.

[8] Claus Harms, Pastoraltheologie II. Buch 9. Rede (in: Ausgew. Schriften und Predigten, hrsg. von Peter Meinhold, Bd. II (Flensburg 1956) S. 184 ff, bes. S. 188. – Wilhelm Löhe, Beicht- und Kommunionbüchlein für evangelische Christen, München 1837. – Ders., Vom Beichten, Nördlingen 1842. – August Vil-

der Neuzeit zu wirklichen Reformmaßnahmen gekommen, die dann ihrerseits wieder mit einer vertieften Erfassung vom Wesen der Kirche als dem Volke Gottes und vom Gottesdienst als Lob und Anbetung Gottes und als Annahme des Dienstes, den Gott uns tut, im Zusammenhang stehen. Wieder beweist es sich, daß Buße und Beichte das reformatorische Anliegen der Kirchen der Reformation in der Gegenwart sind.

Das Bemühen um die Erneuerung der Beichte ist somit ein Ausdruck für die Stärke der durch die lutherischen Kirchen hindurchgehenden liturgischen Bewegung und die vertiefte theologische Erfassung aller Probleme des Gottesdienstes. Hier besteht das Bestreben, die Beichte im Unterschied zu dem seelsorgerlichen Gespräch und dem privaten Sündenbekenntnis, das jederzeit vor jedem Christen abgelegt werden kann, zu einer eigenen kirchlichen Handlung zu machen und sie tunlichst von ihrer Verbindung mit dem Abendmahl zu lösen, vor dem sie ja stets nur als allgemeine Beichte gehalten werden kann. Namentlich die Berneuchener Bewegung hat eine Ordnung der Beichte sowohl als Einzelbeichte wie als Gemeindefeier hergestellt, die weithin Aufnahme gefunden hat. Hier ist auch die Einzelbeichte in den kirchlichen Raum gelegt, wo sie entweder vor dem Altar oder in der Sakristei oder in einem abgeschlossenen Raum der Kirche gehalten werden kann. Sie beginnt mit einem an Ps 139 sich anlehnenden Beichtgebet. Es folgt das Beichtgespräch, in dem der Beichtende vor dem Pfarrer seine Sünden bekennt. Nach Beendigung der Beichte treten Pfarrer und Beichtender vor den Altar. Nach einem sich an Ps 51 anschließenden Gebet spricht der Pfarrer, nachdem er den Beichtenden gefragt hat, ob er glaube, daß Gott seiner Kirche die Vollmacht zur Vergebung der Sünden um Christi Willen verliehen und der Beichtende seinen Glauben daran bekannt

mar, Von der christlichen Kirchenzucht. Ein Beitrag zur Pastoraltheologie, Marburg 1872.

hat, die Vergebung seiner Sünden zu. Von einem Beichtzwang oder irgendeiner kasuistischen Auffassung der Beichte sowie von jeder Art von satisfaktorischem Werk ist diese Beichtordnung frei.[9]

Ebenso ist die Feier der Gemeinde eine selbständige kirchliche Handlung, die unabhängig von der Feier des Heiligen Abendmahls gehalten wird. Hier erfolgt zunächst die Verlesung der Gebote und dann das wechselseitige Bekenntnis der Sünden von Pfarrer und Gemeinde, mit dem auch die gegenseitige Fürbitte verbunden ist. Es schließt sich das Gebet der Litanei durch Pfarrer und Gemeinde an. Nach der Befragung der Gemeinde, ob sie sich bußfertigen Herzens unter Gottes Gericht beugt, die Vergebung der Sünden um Christi Willen begehrt und hinfort ihrem Herrn und Erlöser dienen will und dem darauf antwortenden Bekenntnis der Gemeinde folgt die Absolution, die sowohl der Pfarrer wie auch die Gemeinde empfängt. Wie der Pfarrer seine Absolution durch einen anderen Pfarrer oder Diakon erhalten hat, so tritt nun die Gemeinde in einzelnen Gruppen vor den Altar, um kniend vom Pfarrer unter Handauflegung das Wort der göttlichen Gnade zu vernehmen.[10]

Das Bedeutsame an dieser Beichtordnung ist die Gestaltung der Beichte als selbständige kirchliche Handlung und das Bemühen um die Wiedereinführung der den lutherischen Kirchen verlorengegangenen, obwohl im Prinzip immer festgehaltenen Einzelbeichte. Es ist aber ersichtlich, daß sie sich hinsichtlich ihrer theologischen Auffassung entscheidend von dem katholischen Verständnis der Beich-

[9] Vgl. Das Berneuchener Buch. Vom Anspruch des Evangeliums auf die Kirchen der Reformation. Hrsg. von der Berneuchener Konferenz, Hamburg 1926, S. 108 f. – Ferner: »Die Beichte der Gemeinde«, hrsg. von der Berneuchener Konferenz, Hamburg 1926.

[10] Allgemeines Evangelisches Gebetbuch, hrsg. von Hermann Greifenstein, Hans Hartog und Frieder Schulz, 2. Aufl. Hamburg 1965 S. 557 ff, bes. S. 578 ff über die Ordnung des Beichtgottesdienstes.

te als dem besonderen sakramentalen Akt unterscheidet, weil sie ihren pneumatischen Charakter betont.

Aber mit diesem Ausblick sind eine Reihe von Problemen noch nicht angesprochen, die heute Buße und Beichte umgeben und ihren Sinn als kirchliche Handlungen erneut in Frage stellen. Goethe hat einmal gesagt,[11] daß die Ohrenbeichte dem Menschen nie hätte genommen werden sollen. Es scheint, daß dieser Ausspruch gerade durch die moderne Entwicklung in seiner Richtung zumindest indirekt bestätigt wird. Buße und Beichte werden auch heute von den Menschen als das seelsorgerliche Gespräch oder als die Aussprache und Deutung durch den Mitmenschen begehrt, wobei allerdings weithin der Arzt, der Jurist, der Psychologe, der Psychiater und der Psychotherapeut an die Stelle des Pfarrers getreten sind. Das Gespräch hat dann oft keinen direkten religiösen Bezug, jedoch einen indirekten, sofern die Menschen die Probleme ihres Daseins allein nicht mehr zu lösen vermögen, die ihnen aus ihrer physischen Veranlagung, aus ihrer psychischen Konstitution oder von der gesellschaftlichen Umgebung her erwachsen. Da suchen sie dann oft Hilfe in der Verborgenheit der Anonymität, um mit den Fragen ihres Lebens, ihrer Familie, ihrer Ehe, ihrer Sexualität oder auch mit den ihnen bewußten oder nicht bewußten Neurosen und Komplexen fertigzuwerden. Solche Erscheinungen stellen uns im Raum der Kirche vor ernste Fragen, und wir dürfen uns die Sache nicht zu leicht machen, indem wir dies alles einfach als Säkularisationen von Buße und Beichte abtun; denn es ist nun einmal das Grundfaktum des christlichen Glaubens, daß alles im Himmel beginnt und auf Erden endet, wie es Gott selbst in der Sendung Jesu Christi gezeigt hat.

So kann also die in der Gegenwart bemerkbare Verlagerung von Buße und Beichte in die weltlich-gesellschaft-

[11] Vgl. dazu die Ausführungen in: Monatsschrift für Gottesdienst und kirchliche Kunst 1926, S. 55.

liche Sphäre und ihre Ausgestaltung zum menschlich beratenden Dialog sowie die Hervorhebung aller psychischen und soziologischen Bedrängnisse, unter denen sich der moderne Mensch sieht, für uns nur der Boden zu einer kritischen Selbstprüfung sein. Was haben wir versäumt, daß sich uns die Menschen entzogen haben? Was müssen wir tun, um wieder den Zugang zu ihnen zu gewinnen? Können wir mit Buße und Beichte in den solennen kirchlichen Formen, den hergebrachten Denk- und Sprechweisen den Menschen von heute mit seinen Problemen überhaupt noch erreichen?

Diese Fragen stellen, heißt zugleich die ungeheure Aufgabe sichtbar machen, die vor uns als Seelsorger liegt. Wenn wir uns berufen oder beauftragt wissen, für die »Seele«, die Psyche der Menschen, zu »sorgen«, müssen wir uns auch mit den uns zugänglichen Mitteln um die Erkenntnis der besonderen Gesetze ihres Lebens, ihrer Krankheiten, ihrer Enttäuschungen, ihrer gesellschaftlichen Bezogenheiten kümmern. So stellt die Vergegenwärtigung der modernen Probleme von Buße und Beichte den Anruf an den Seelsorger von heute dar, sich selbst so auf seine Aufgabe zuzurüsten, daß er bewußt die Psychologie, die Psychoanalyse, die Tiefenpsychologie und die Psychotherapie studiert und die von ihnen ausgehenden Anregungen aufnimmt – nicht etwa aus taktischen Überlegungen, das heißt um eine verlorene Position zurückzugewinnen –, sondern um der Menschen willen, denen er nachzugehen hat, und um der Eigenart seines Dienstes willen, der ihn immer wieder neue Gebiete und neue Aufgaben entdecken und darin niemals ein Ende absehen läßt: denn gerade für diesen Dienst gilt das Wort, daß, wer die Hand an den Pflug legt und zurückschaut, nicht geeignet ist, das Reich Gottes zu gewinnen, das heißt in die Gottesherrschaft einzutreten und an ihr teilzuhaben. So gesehen, bleiben Buße und Beichte auch für die Kirchen von heute ein Ziel ihrer Erneuerung, ein reformatorisches Anliegen.

Wynfrith B. Noll

ERFAHRUNGEN MIT DER »ALLGEMEINEN BEICHTE« BEI DEN ALTKATHOLIKEN

Die ursprünglich wider Willen erhaltene kirchliche Selbständigkeit ermöglichte den Altkatholiken Reformen, über die vor dem 1. Vatikanischen Konzil in Deutschland gesprochen worden war, die aber in der katholischen Kirche wegen des Widerstands in Rom und bei einem Großteil der Gläubigen undurchführbar blieben. Die Reformwünsche bezogen sich auch auf das Bußsakrament. Hier ging das Drängen von Laienvertretern weit über die Vorstellungen der Geistlichen hinaus: bestimmte Kreise wollten die Ohrenbeichte abschaffen und durch gemeinsame Bußandachten ersetzen.

Generalvikar Prof. F. H. Reusch legte in dieser Situation 1874 in Bonn der ersten Synode 13 Thesen vor[1]. Die Synode erhob sie zu bindenden Beschlüssen; sie sind bis heute gültiges Kirchenrecht. In ihnen wird das Bußsakrament als Heilmittel von größter sittlicher Bedeutung bezeichnet. Es sei von Anfang an in der Kirche in Übung gewesen. Persönliche Selbstanklage habe es auch in der alten Kirche gegeben; diese sei aber wertlos ohne Reue und Verlangen nach der Gnade Christi. Zu beurteilen, wann der Empfang des Bußsakraments nötig oder ratsam sei, bleibe der Selbsterkenntnis des einzelnen überlassen. Das Kirchengebot, wenigstens einmal im Jahr zu beichten, sei nicht verbindlich; es gebe auch keine Pflicht, vor dem Kommunionempfang zu beichten. Nur für Sünden, durch die jemand die göttliche Gnade verloren zu haben glaubt, bestehe Verpflichtung zur »speziellen Beichte«. Diese sei

[1] J. F. v. Schulte, Der Altkatholizismus, Gießen 1887, 617 bis 619.

auch für läßliche Sünden empfehlenswert. Reine Devotionsbeichten und die Praxis der Befragung durch den Beichtvater sollten nicht als Regel empfohlen werden. Die Beichte sei nicht dazu bestimmt, daß man sich beim Beichtvater Rat in Versuchungen und für Entschlüsse hole; die Unterweisung gehöre in den katechetischen Unterricht und in die Predigt. In der zwölften These heißt es: »Im Zusammenhang mit den Reformen auf dem Gebiet des öffentlichen Gottesdienstes wird auch die Einrichtung einer gemeinschaftlichen Bußandacht mit allgemeinem Sündenbekenntnis als Vorbereitung für den gemeinsamen Empfang der hl. Kommunion in Aussicht zu nehmen sein. Eine solche Bußandacht soll aber nicht an die Stelle der sakramentalen Beichte treten, die vielmehr für diejenigen, welche verpflichtet sind oder wünschen, eine spezielle Beichte abzulegen, bestehen bleibt.«

Über die derzeitige Praxis stellt ein 1968 erarbeitetes Protokoll einer Kommission der deutschen Bischofskonferenz und des Bistums der Altkatholiken in Deutschland fest, daß die Wirklichkeit schwerer Sünden, ihre Erkennbarkeit und die Notwendigkeit einer sakramentalen Absolution von beiden Kirchen anerkannt würden und daß sich in der Praxis der Altkatholiken neben der Einzelbeichte auch eine allgemeine Bußandacht zur Vergebung schwerer Sünden entwickelt habe, ohne daß dadurch die Einzelbeichte offiziell abgelehnt würde[2]. Die »allgemeine Bußandacht« umfaßt Gewissenserforschung, gemeinsam gesprochenes Sündenbekenntnis und sakramentale Absolution durch den Priester in deprekativer oder indikativer Form[3]. Sie wird meist vor der Eucharistiefeier gehalten und bildet in der Altkatholischen Kirche von Deutschland die hauptsächlich übliche Form des Bußsakraments.

Aus der Diskrepanz zwischen dem Synodalbeschluß von 1874 und dem Kommissionsbericht von 1968 wird eine

[2] W. Krahl, Ökumenischer Katholizismus, Bonn 1971, 171.

[3] Kath. Gebet- und Gesangbuch für die Altkatholiken in Deutschland, Bonn 1965, 28 und 33.

Entwicklung deutlich, die sich neuerdings auch in römisch-katholischen Gemeinden abzuzeichnen beginnt: Die neu eingeführten Bußandachten werden von den Gläubigen als Ersatz für die Ohrenbeichte betrachtet. Was waren die Gründe für diese Entwicklung?

Unzutreffend ist die Behauptung, die Priesterehe versperre den Zugang zum Beichtvater. Wo die Beichte in Predigt und Katechese recht dargestellt wird, regelmäßig Beichtgelegenheit geboten und der Priester ein Mann nach dem Wunsch der Gläubigen ist, stellt die Priesterehe erfahrungsgemäß kein Hindernis für die Ohrenbeichte dar. Vielmehr ergibt sich, daß die Ohrenbeichte kaum mehr in Übung ist, wo auf den Kanzeln Polemik gegen ihren »Mißbrauch« üblich geworden war. Ähnliches gilt bei Gläubigen, die wegen Schwierigkeiten im Beichtstuhl aus der römisch-katholischen Kirche übertraten. In manchen Pfarreien beging man die »pastorale Sünde«, zuwenig Beichtgelegenheit anzubieten. Vielfach nötigt auch Zeitmangel zur »allgemeinen Beichte«, weil zu viele Gottesdienststationen von einem einzigen Priester betreut werden müssen. Zudem fehlen in evangelischen Gotteshäusern, auf die man zumeist angewiesen ist, Beichtstühle oder geeigneter Beichtraum. Manche Gläubige und Priester wählten auch aus Nachlässigkeit und Lauheit den bequemeren Weg der allgemeinen Beichte. Und nicht zu übersehen ist, daß die kleine Minderheit, die sich gegen die Stärkung der kirchlichen Autorität durch das 1. Vatikanische Konzil auflehnte, aus Christen bestand, die mündig sein wollten, und auf das eigene Gewissen pochten; ihnen entsprach kein Vater- und Beichtvaterbild in der Kirche.

Positiv für das kirchliche Leben ist am Rückgang der Ohrenbeichte, daß seither der Kommunionempfang häufiger wurde. Fast alle Teilnehmer am Gottesdienst empfangen nach der allgemeinen Beichte Leib und Blut des Herrn. Auch gibt es fast keinen Antiklerikalismus. Doch mag dies auch mit der synodalen Leitungsform der Kirche zusammenhängen. Schließlich werden die selteneren Einzelbeichten mit besonderem Ernst und Zeitaufwand abgelegt. Beichten von zwei Stunden Länge sind keine Seltenheit; oft beinhalten sie echte Bekehrungserlebnisse. Negativ sind der Bruch mit der Tradition, der Ungehorsam gegen den Synodalbeschluß aus dem Jahre 1874 und die liberale Lauheit, die bei manchen das eigentliche Motiv war. Für kontaktgehemmte, vereinsamte Menschen ist leider auch die Anonymität des Beichtstuhls und mit ihr eine Kontaktmöglichkeit in höchster seelischer Not weggefallen. Nicht wenige unserer Priester und Theologiestudenten befassen sich deswegen mit Psychologie, Tiefenpsychologie und Psychotherapie, um vermittels dieser Wissenschaften zu neuer, gesunder Gewissensbildung zu verhelfen. Oft wird diese Hilfeleistung auf lange Zeit nur von der Praxis der allgemeinen Beichte begleitet, mündet dann aber häufig doch in eine sehr gründliche Einzelbeichte ein.

Sollte die vom Bischof der Altkatholiken und von der deutschen Bischofskonferenz in der »Zürcher Nota« vorgeschlagene modifizierte Sakramentsgemeinschaft Wirklichkeit werden, wäre denkbar, daß nicht wenige Altkatholiken die bessere Gelegenheit zur Einzelbeichte in der römisch-katholischen Kirche nützten, und daß mancher römische Katholik über die allgemeine Beichte in einer altkatholischen Pfarrei wieder den Weg zum sakramentalen Leben seiner eigenen Kirche fände.

Fairy v. Lilienfeld

EINE FRÜHE ÖKUMENE DER METANOIA

Nicht von einzelnen, sozusagen »prominenten« Büßergestalten der Christenheit soll hier die Rede sein, sondern von Impulsen, welche von einer ganzen Generation frommer Christen ausgegangen sind, die in ihrer Bekehrung zum Glauben an den alleinseligmachenden Christus die Notwendigkeit der Umkehr von ihren früheren Lebenswegen erfahren hatten und die ihre Mitmenschen ebenfalls zu reuiger »umdenkender« Abkehr von den Handlungsweisen der »Welt« führen wollten. Ich denke an die »Stillen im Lande«, die »Erweckten«, zur Zeit Napoleons und der Befreiungskriege in ganz Europa und an deren geistliche Väter.

Solche »Stillen« gab es in allen christlichen Kirchen. In Regensburg muß zuerst an Bischof Johann Michael Sailer und seine Freunde und Schüler gedacht werden. In England gehört hierher das Wirken John Wesleys und seiner Nachfolger; in Schottland muß man an die von Thomas Chalmers ausgehende Bewegung persönlicher Bußfrömmigkeit denken. In Wien war es der Kreis des im übrigen so anders – romantisch-ultramontan – geprägten Johann Clemens Maria Hofbauer, in Württemberg wiederum waren es die Nachfahren des schwäbischen evangelischen Pietismus, vorzüglich Bauern und Handwerker, also Laien. Es gehören dazu ebenso die süddeutschen katholischen Erweckungskreise wie die Deutsche Christentumsgesellschaft in der Schweiz oder auch der Kreis um die katholische Fürstin Amalie Gallitzin in Münster, dem der evangelische Hamann wiederum so wichtige Anstöße verdankte.

In ihren Ländern und Völkern, in ihren in den »aufgeklärten« Staaten des ausgehenden 18. und beginnenden

19. Jahrhunderts »etablierten Kirchen« waren diese Gruppen machtlose Minoritäten, Freundeskreise von Leuten, die ein bewußtes christliches Leben der Umkehr und Nachfolge Christi führen wollten. Ihre Abkehr von früheren Lebenswegen, auf denen sie sich in einer sich mehr und mehr autonom verstehenden Welt in die »Herrschaft der Sünde in dieser Welt« eingebunden gesehen hatten, war eine ganz persönliche und nahm entsprechend den einzelnen Lebensschicksalen und der kirchlichen und kulturellen Tradition, aus der sie kamen, jeweils eigene Formen an. Daher müßte man sie hier alle einzeln aufzählen, was jedoch in der gebotenen Kürze kaum möglich erscheint. Es sei hier nur erinnert an Franz von Baader, an Goßner, Lindl und Feßler, an Heinrich Jung-Stilling, Lavater und Oberlin, auch an Juliane von Krüdener; man muß hier Wilberforce ebenso nennen wie die Leute der Londoner und Basler Bibelgesellschaft. Sie und viele andere »Stille im Lande«, die miteinander in mancherlei persönlichen Beziehungen oder in Korrespondenz standen, waren nicht nur evangelische und katholische Christen. Zu ihnen gesellten sich auch Orthodoxe: Fürst Golycin und die Geschwister Alexander und Roxandra Stourdza, Košelev, der spätere Speranskij und Filaret Drozdov, nachmals der große Metropolit von Moskau – und viele andere.

Eine Welle persönlichster Frömmigkeit ging damals durch Europa. Von ihr wird auch – im Gegensatz zu den west- und mitteleuropäischen »Realpolitikern« wie Castlereagh und Metternich – Zar Alexander I. von Rußland an einem Punkt seines Lebens erfaßt und dazu geführt, sein bisheriges Leben und Trachten unter dem großen Fragezeichen Gottes zu sehen.

Bei Alexander I. wird deutlich, daß es in dieser »Ökumene der Bußfrömmigkeit«, nicht nur um ganz persönliche, sozusagen private Sünde und Fehlbarkeit geht, die sich in Reue der Vergebung Christi überliefert. Die »erweckten« Frommen, die damals auf Alexander Einfluß hatten, konnten und wollten ihren Glauben an Gott, der durch Jesus Christus und durch den Heiligen Geist handelt, nicht abgetrennt von ihrem Erlebnis der zeitgenössischen Geschichte verstehen und diese nicht ohne den Heilswillen Gottes interpretieren. Die absurde Erfahrung der französischen Revolution, die »Freiheit, Gleichheit, Brüderlichkeit« bringen wollte und in der Schreckensherrschaft, den Septembermorden, und in den Eroberungskriegen Napoleons endete, war für sie nur als Ausfluß des militanten Atheismus der Revolution, den diese auf ihrem Höhepunkt entwickelt hatte, verständlich. Sie verschlossen sich auch nicht der Erkenntnis, daß andererseits das Ancien Régime auf seine Weise frivol und gottlos gewesen war und so den Zorn des Volkes – und Gottes! – hervorgerufen hatte.

Von dieser Geschichtsdeutung inspiriert, findet sich nun in Alexanders' I. Entwurf der »Heiligen Allianz« der Ausdruck einer Metanoia, die sich nicht nur auf Individuen, sondern auf ganze Gesellschaftssysteme – wie wir heute sagen würden – bezieht. Es geht um folgende Worte im Prolog der »Heiligen Allianz«, wie sie Alexander entwarf (und Metternich dann an den religiös entscheidenden Punkten abänderte):

»Die drei Majestäten, der Kaiser von Österreich, der König von Preußen und der Kaiser von Rußland ... haben die tiefinnere Überzeugung (la conviction intime) gewonnen, daß das Vorgehen, das früher bei den Mächten in ihren gegenseitigen Beziehungen üblich war, absolut geändert werden muß, und daß es notwendig ist, daran zu arbeiten, daß es (nämlich: das frühere Vorgehen – vL) durch eine Ordnung der Dinge ersetzt werden soll, die allein auf den erhabenen Wahrheiten beruht, die uns die ewige Religion Gottes, unseres Heilandes lehrt ... Sie erklären feierlich ..., daß sie die Vorschriften dieser heiligen Religion, Vorschriften der Gerechtigkeit, der Nächstenliebe und des Friedens zu ihren Verhaltensregeln machen wollen, *die weit davon sind, nur auf das Privatleben anwendbar zu sein, wie man bisher gedacht hat* (Hervorhebung – vL), sondern die ... das einzige Mittel sind, die menschlichen Einrichtungen zu konsolidieren und deren Unvollkommenheit abzuhelfen ...«.[1]

[1] Bezüglich der »Echtheit« des religiösen Impulses des Zaren Alexanders I. beim Entwurf der Heiligen Allianz sind von Biographen immer wieder Zweifel geäußert worden. Ich halte die Sprache der Selbstzeugnisse der »Sphinx auf dem Zarenthron« und der Berichte aus seiner Umgebung in der Hinsicht dennoch für eindeutig. Darin folge ich der bahnbrechenden Darstellung von Ernst Benz: Die abendländische Sendung der östlich-orthodoxen Kirche. Die russische Kirche und das abendländische Christentum im Zeitalter der Heiligen Allianz. Akademie der Wissenschaften und der Literatur. Abhandlungen der geistes- und sozialwissenschaftlichen Klasse. Jg. 1950, Nr. 8. Zur Textgeschichte der »Heiligen Allianz« vgl. W. Näf, Zur Geschichte der Heiligen Allianz, Bern 1928 = Berner Untersuchungen zur allgemeinen Geschichte, Bd. 1. Hildegard Schaeder, Autokratie und Heilige Allianz. Nach neuen Quellen. 2. ergänzte Auflage, Darmstadt 1963.

Auch die vereinfachende Abqualifizierung der Juliane von Kruedener als »religiöse Abenteurerin«, wie sie in der russischen kirchengeschichtlichen Literatur zum stehenden Ausdruck wurde, ist nach den neuesten, auf vielen bisher unveröffentlichten Zeugnissen basierenden, biographischen Publikationen nicht zu halten. (Francis Ley, Madame de Krüdener et son temps, Paris 1961; ders., Alexandre Ier, Chateaubriand, Lamartiner et Madame de Krüdener en 1815, in: Cahriers du Monde Russe et Soviétique, vol. IX 1968, 58–64.) Gerade bei ihr ist das Bewußtsein für die soziale Relevanz einer echten Umkehrgesinnung und des christlichen Glaubens sehr deutlich. Die Entfremdung zwischen ihr und Alexander I. hatte auch damit etwas zu tun, wie ihre Briefe und Tagebuchaufzeichnungen nach 1816 zeigen (a. a. O 215 ff.). Diese Sicht der Phänomene fand ich durch einen Vortrag von Prof. Dr. Martin Brecht auf der Ostkirchentagung in Münster am 15. 10. 1971 aufs Interessanteste bestätigt und ergänzt. Für weitere Fakten und die neueste Literatur verweise ich daher auf seinen demnächst erscheinenden Beitrag zum Moskauer Historikerkongreß 1970: Martin Brecht, Aufbruch und Verhärtung. Das Schicksal der nach Osten gerichteten Erweckungsbewegung, in: Miscellanea historiae ecclesiasticae IV, Louvain (im Druck).

Es geht uns hier nicht darum, an das von vielen Zeugen berichtete Gelächter zu erinnern, in das die »Realpolitiker« aller Regierungen offen oder heimlich beim Lesen dieses Textes ausbrachen. Es geht hier auch nicht darum, festzustellen, was die Historiker längst beschrieben haben: nämlich, daß die christliche Idee, die dieser Vertragsentwurf auszusprechen versucht, in der europäischen Politik – auch der Alexanders! – nie voll wirksam wurde, und warum das so war. Es soll nur darauf hingewiesen werden, daß jene Ökumene der Büßer, die Alexanders Vertragsentwurf beeinflußt hatte, sich eines Aspekts von Buße bewußt geworden war, dessen man lange nicht mehr gedacht hatte: Sie sah die Verflochtenheit des Menschen in die Handlungsweisen und Handlungsnormen seiner Zeit und erkannte, daß es somit einen Aspekt von Schuld vor Gott gibt, der über das ganz persönliche Schuldigwerden und Schuldigsein hinausgeht. Es ist eine Art kollektiver Schuld, einer Mitschuld, die sicher theologisch etwas mit der Verflochtenheit aller Menschen in die Erbsünde zu tun hat, aber doch sehr viel konkreter begriffen wird als das genau beschreibbare Schuldigwerden ganzer Stände, Klassen, Völker an einen bestimmten Punkt der Geschichte. Ja, man kann vielleicht vom Schuldigwerden ganzer Generationen – auch in der auf Erden wandernden Kirche – sprechen. Diese »Erweckten« waren der Meinung, daß es in bezug auf solche historische Schuld nur dann eine echte Metanoia, ein Umdenken gibt, wenn der einzelne, der sie erkennt, sich nicht aus ihr ausschließt, wenn er – ohne als Person hier eine eigene, besondere Schuld zu haben – sich zu seinem Verhaftetsein in die Schuld einer Gruppe – seien es etwa die besitzende Oberschicht oder die Politiker oder ein verführtes Volk – bekennt und diese Gruppe und die ganze Gesellschaft seiner Zeit zur Umkehr, zur Neubesinnung auf Gottes Willen aufruft.

Das Schuldbekenntnis des Rates der Evangelischen Kirche in Deutschland von Stuttgart 1945, die Vergebungsbitte Papst Pauls VI. vor der 3. Session des II. Vaticanums, der Briefwechsel der katholischen deutschen und polnischen Bischöfe aus Anlaß der polnischen Milleniumsfeier, die Vergebungsbitte der Vollversammlung des Lutherischen Weltbundes von Evian – dies sind solche Handlungen stellvertretender, sich in die allgemeine Schuld einschließender Metanoia in unserem Jahrhundert.

Dabei wird die Bedeutung der Kirche als Ort des Christusgeschehens der Metanoia – als Ort *allen* sakramentalen Geschehens – deutlich: Während die Völker und gesellschaftlichen Mächte »dieser Welt« immer wieder geneigt sind, ihre politischen und gesellschaftlichen Verhaltensweisen als Sachzwänge zu interpretieren, aus denen der einzelne dann für seine persönliche Schuld sich seine Selbstrechtfertigung ableiten kann – »Er habe ja nicht anders gekonnt!«, »So gehe es nun einmal zu!« – kann sich das »Volk Gottes« damit nicht zufriedengeben. Die Metanoia, zu der Christus ruft, die Änderung des Sinnes in Christus, ist für das Volk Gottes die große Chance des Erkennens und Erfahrens, daß Gott in Christus und durch das Wirken des Heiligen Geistes alle »Sachzwänge« dieser Welt immer wieder aufbricht, nicht nur für den Einzelnen, sondern *in* der communio sanctorum inmitten der Welt. Daran kann uns jene frühe, sich plötzlich in den Wirren der napoleonischen Zeit erhebende und sich gegenseitig erkennende Ökumene der Buße in Europa erinnern.

Ernst Chr. Suttner / Christine Baron

METANOIA ALS ANLIEGEN DER ÖKUMENISCHEN BEWEGUNG

I.

Zur Zeit Jesu erhoben verschiedene Gruppen den Anspruch, das »wahre Israel« zu sein. Sie wandten sich mit dem Aufruf zu Umkehr und Bekehrung an jene Juden, die die Thora weniger kannten, liebten und befolgten, als sie selber es für notwendig hielten. Alle diese Gruppen erwarteten die Gottesherrschaft und meinten, der Messias würde sie dadurch herbeiführen, daß er ihrer jeweiligen Auffassung vom »wahren Israel« allgemeine Anerkennung verschaffte und alle »Bösen« (das heißt diejenigen, die sich ihren Vorstellungen widersetzen) vertilgte.

Auch Jesus verkündete, als er auftrat, die kommende Gottesherrschaft. Aber er identifizierte sich mit keiner von den genannten Gruppen. Umkehr und Bekehrung verlangte er *von allen* und bot *allen* an, durch sie der anbrechenden Gottesherrschaft teilhaftig zu werden. So sehr war seine Predigt vom Bußruf an alle geprägt, daß Mt seine erste Tätigkeit zusammenfassend in einem Satz wiedergibt: »Damals begann Jesus seine Verkündigung und sprach: Bekehret euch, denn nahe ist das Himmelreich.« (4, 17) und Mk: »Er sprach: Die Zeit ist erfüllt, nahegekommen ist das Reich Gottes. Bekehret euch und glaubt an die Frohe Botschaft.« (1, 15)

Nicht die Annahme einer durch gut definierte Einzelvorschriften festumrissenen Lebensform und nicht die Eingliederung in ein auf die Parusie der Gottesherrschaft ausgerichtetes Sozialgebilde sind das Ziel der Umkehr. Diese ist unmittelbar auf das hin bezogen, was anbrechen will, wie die Seligpreisungen und die Bergpredigt zeigen, die vor dem vollen Anbruch der Gottesherrschaft nur Zielschilderung, nicht Erfüllung heischende Satzung sein können. Die Bußforderung Jesu wäre also noch keineswegs erfüllt, wenn die Hörer eine Bekehrung durchmachten, aus der eine »Gemeinschaft der Heiligen« hervorginge. Kein neutestamentliches »wahres Israel«, das in der Parusie talis qualis als die Gottesherrschaft erwiesen werden könnte, ist mit Jesu Ruf auf Bekehrung intendiert, sondern das ständige Bewußtsein, nichts ergriffen zu haben, und die bis zur Parusie anhaltende Bereitschaft, zu vergessen, was zurückliegt, und sich auszustrecken nach dem, was vor uns liegt.

Hätte Jesus lediglich eine »Gemeinde der Heiligen» gewollt und sie auf eine Thoradeutung verpflichtet, die rigoros genug gewesen wäre, daß sich die Gemeinde für die Erstlinge der Gottesherrschaft hätte ausgeben können, dann hätte er weniger Anstoß erregt; er wäre einer unter vielen religiösen Führern seines Volkes gewesen. Er ist aber nicht gekommen, Gerechte zu berufen, sondern Sünder; er hatte mit Zöllnern und Sündern Verkehr; beim Sabbatmahl mit dem frommen Pharisäer ließ er sich von der öffentlichen Sünderin berühren und stellte diese in dem Gleichnis, das er bei Tisch vortrug, sogar über den gesetzestreuen Israeliten, ja er erklärte, für sie sei der Weg zur Gottesherrschaft kürzer als für den frommen Gastgeber, der ein Leben lang strebte, »wahrer Israelit« zu sein. Seine Predigt bedeutete also den Umsturz aller bisher in Israel gültigen Maßstäbe des Religiösen: Nicht mehr der Vollkommenheitsgrad im Erfüllen der Thora, im Erfüllen einer Satzung der Gerechtigkeit, sondern die Intensität des Umdenkens, des Sich-Ausstreckens auf das, was anbrechen will, ist entscheidend.

Gewiß gilt, daß am Jesus-Jünger die Wiedergeburt geschieht und daß der »Besitz in Hoffnung«, den er an den kommenden Gütern hat, mehr ist als ein bloßes Erwarten. Wenn aber ein Ignatius von Antiochien nach einem Leben des Zeugnisses für Christus auf dem Weg zur Richtstätte die Worte für angebracht findet: »jetzt *fange* ich *an*, ein Jünger zu sein« (Rom. 5, 3), haben wir in dieser Dialektik das treffendste Zeugnis für die Notwendigkeit, daß das im Jünger grundgelegte Leben erst noch ausreifen muß und dann so überwältigend wird, daß es die anfänglichen Spuren als kaum noch der Beachtung wert erscheinen läßt.

Diese Dialektik macht es fraglos rechtens, daß die Theologie im einzelnen Getauften wie erst recht in der Gemeinschaft der Getauften, in der Kirche, den Anbruch der Gottesherrschaft aufspürt und sich darüber in Dankbarkeit freut. Wir müssen aber einräumen, daß sich leider nur allzu viele Theologen und Kirchenführer von der Schönheit dieser Gaben über die Maßen faszinieren ließen und die andere Seite, nämlich ihre Vorläufigkeit und Unvollkommenheit, aus den Augen verloren. Der gewaltige Unterschied zwischen der irdischen Kirche und der Gottesherrschaft ist ihrer Theologie nicht mehr geläufig. Infolgedessen sehen sie in der eigenen Kirche jenes »wahre Israel Gottes«, das berufen ist, an alle Einzelchristen Heiligkeit zu vermitteln und darauf zu warten, daß es bei der Parusie auch vor den Augen der Ungläubigen als die längst schon geheiligte Gemeinde der Auserwählten erwiesen wird. An die Stelle des hoffnungsfrohen Ausgreifens nach dem, was kommen wird, ist selbstbewußte Freude über schon erlangten Besitz getreten; anstatt als Gemeinschaft von Jesus-Jüngern in Buße und Umkehr sich auf das überwältigende Ausreifen der Gottesherrschaft vorzubereiten, begnügen sich solche Kirchen mit den anfänglichen Spuren, deren sie gewürdigt wurden und die ihnen wegen ihrer kurzsichtigen Theologie als die Fülle der Gottesherrschaft gelten. Sie reduzieren damit gewissermaßen die Gottesherrschaft auf das Wenige, das schon in ihren Besitz übergegangen ist, und versteigen sich sogar dazu, andere Kirchen an sich selber zu messen und deren geistlichen Rang danach zu beurteilen, ob sie identisch sind mit der Mangelhaftigkeit ihrer eigenen Kirchengemeinschaft.

Nähmen hingegen die Kirchen den Aufruf zur Metanoia

für sich als Gemeinschaften – nicht nur für ihre einzelnen Glieder – ernster und sähen sie somit ihr eigenes Ungenügen klarer, dann ginge ihr Rangstreit bald zu Ende. Sie würden sich als das pilgernde Gottesvolk erkennen und einsehen, daß sie alle miteinander unterwegs sind zu einem Ziel, das viel größer ist als jede von ihnen, ja sogar noch viel größer als sie alle zusammengenommen. Die Entfernung, die jede unserer Kirchen vom Endziel trennt, läßt die kleine Wegstrecke, die sie voneinander entfernt sind, wirklich belanglos erscheinen. Die Konfessionen würden sich als Weggefährten erkennen, wären sie mehr vom Bußgeist als von Selbstbewußtsein geprägt, und sie könnten mit Paulus sprechen: »Was liegt daran? Wird doch auf jede Weise Christus verkündet!« (Phil 1, 18)

II.

a) »So wird jedem der Mund gestopft, und die ganze Welt ist schuldig« (Röm 3, 19): Mit diesen harten Worten schließt Paulus den ersten Gedankengang des Römerbriefes ab. Nach dem vorher Gesagten bleibt die Frage: nur »die Welt« – nicht auch wir? Im Tauftext (Röm 6, 3 ff.) heißt es: »Denn wenn wir hineingepflanzt sind in die Ähnlichkeit seines Todes, so wird es auch mit der Auferstehung sein.« Was sich von Christus im Aorist sagen läßt, das muß vom Christen im Futur und im Imperativ gesagt werden. Die Gemeinde der Christen ist noch nicht in der Weise auferweckt, wie Christus auferweckt ist, sie steht noch unter dem Gericht, in der Hoffnung auf Auferstehung. »Hineingepflanzt sein in die Ähnlichkeit des Todes Christi« aber bedeutet: jede Selbstrechtfertigung wird zerbrochen, ein Ende gemacht für alles eigenmächtige fromme Erwirken der Gottesgemeinschaft durch den selbstbewußten Menschen (vgl. auch Phil 3, 10–12).

Wie aber sieht das in unseren Kirchen aus, was Paulus die »Torheit des Kreuzes« nennt (1 Kor 1, 18)? Manchmal scheint es so, als hätten wir uns mit diesem Gedanken auf eine ungute Weise vertraut gemacht. Es scheint, als hätten wir ihn so gezähmt, daß er unsere Praxis, unsere Gedanken wie unsere Gedankenlosigkeit, nicht zu stören vermag.

b) Wenn wir von Buße reden – und das tun wir immer wieder –, geben wir dann nicht vor, ganz genau zu wissen, wohin uns unsere Buße führen müßte? Wir sprechen von der »Rückkehr zur Schrift«, zur »Kirche der Väter«, zur »Einheit mit dem Bischof von Rom«. Wir tun so, als habe es je irgendeinen Zeitpunkt, irgendeinen Zustand in unserer Geschichte gegeben, da alles in Ordnung war, und wohin es jetzt zurückzukehren gelte. Wir sehen die Fehler innerhalb des Rahmens unserer Geschichte, und wir sind bestrebt, sie abzustellen. Aber allein schon vor der Möglichkeit, daß auch einmal die Richtung dieser Geschichte falsch sein könnte, daß es also gerade nicht darauf ankomme, diese Richtung beizubehalten, sondern sich radikal von ihr abzuwenden, allein schon vor dieser Möglichkeit verschließen wir die Augen.

Dem Anspruch der Verkündigung des Evangeliums ist damit ausgewichen. Denn Buße stellt die Vergangenheit radikal in Frage. Man kann nicht einfach dorthin zurückkehren, woher man meint, gekommen zu sein, und damit glauben, seine Schuldigkeit getan zu haben. Wer Buße ernst nimmt, wer sich unter den Anspruch des Neuen Testamentes stellt, der kann sich nicht mit dem Korrigieren von Einzelfehlern begnügen. Er darf sich nicht allein um die Bewahrung des Bestehenden bemühen, weil es nun einmal besteht, und nicht allein um die Wiederherstellung dessen, was einmal bestanden hat, ohne nach dessen Legitimität zu fragen.

c) Angewandt auf die Situation der gespaltenen Christenheit bedeutet das: Es wäre nicht nur eine historische Illusion zu meinen, man könne beim Ringen um die Einheit der Kirche zu irgendeinem Punkt der Vergangenheit zurückkehren, weil es einen solchen Weg zurück ja nicht gibt, sondern auch eine theologische Illusion: Buße tun heißt ja, neu werden, »wieder wie ein Kind werden« (Mt 18, 3). Kindsein aber meint: klein, hilflos, unsicher sein, sich etwas sagen lassen müssen, sich nicht auf sich selbst berufen und zurückziehen können. Darum wird auch jede Kirche, die das Wort Jesu vom Wieder-Kind-Werden für sich ernst nimmt, sich etwas sagen lassen müssen: Sie wird sich gerade von den anderen Kirchen sagen lassen müssen, wo sie Buße tun soll. Eine Kirche, die dazu nicht bereit wäre, brauchte letztlich gar nicht davon zu reden, daß sie die Einheit will.

Gewußt haben wir das alles schon längst. Im Evanston-Report heißt es: »Der Punkt, an dem wir nicht in der Lage sind, den Dingen abzusagen, die uns trennen, weil wir glauben, daß der Gehorsam Gott selbst gegenüber uns dazu zwingt, festzubleiben – das ist der Ort, an dem wir zusammenkommen und um Erbarmen und um Erleuchtung bitten. Was wir also als unsere ›Treue‹ ansehen, muß uns miteinander zum Fuß des Kreuzes bringen. Das Kreuz sagt uns, daß da, wo die Kräfte der Spaltung am stärksten waren, Gott den Sieg errungen hat. Durch dasselbe Kreuz ist es möglich, alle Dinge zum besten dienen zu lassen – selbst unsere Spaltungen. Indem wir das Kreuz Christi inmitten unserer Spaltungen aufrichten, glauben wir, daß er all ihre Sünde überwinden und sie zu seinem Ziel der Einheit benutzen will. Das heißt konkret, daß das Zeugnis von Kirchen ... Gehorsam bis zum Tod verlangen kann ... Aber wenn die Kirchen bereit waren, in diesem Sinn ›mit Christus zu sterben‹, dann haben sie gefunden, daß der, der Christus von den Toten auferweckt hat, noch immer getreu und mächtig ist.«[1]

Dieser Gedanke wird hier in der Sprache einer ganz bestimmten Tradition ausgedrückt. Er bedarf der Überset-

[1] Die Einheit der Kirche, hrsg. von Lukas Vischer, S. 155 ff. München 1965.

zung in unsere je eigene. Hätten wir diese Arbeit nicht schon längst leisten müssen, statt die Einseitigkeit des Textes zu beklagen und uns damit davon zu dispensieren, ihn in unserem kirchlichen Leben zum Tragen zu bringen? Ein Beispiel einer solchen Übersetzung wäre zu finden in den Akten der anglikanischen Lambeth-Konferenz von 1968: »The New Testament does not encourage Christians to think that nothing should be done for the first time.«

1927 fiel in Lausanne das Wort: »Wir können niemals wieder dieselben sein, die wir ehedem waren.« – Aber haben wir nicht das traurige Gegenteil bewiesen? Haben wir nicht in Wirklichkeit trotz dieses Satzes weitergelebt wie eh und je?

Beim Ökumenischen Pfingsttreffen in Augsburg 1971 wurde in einem Gebet formuliert: »Herr, wir haben dein Wort gehört, kennen es gut – und trauen ihm nicht. Wir nehmen deine Erlösung nicht an und geben sie nicht weiter ... Wir haben dein erlösendes Wort mißbraucht. Wir haben es zur Formel und zum Gesetz gemacht und gegeneinander gewendet. Wir haben einander abgeurteilt.« Auch solche Worte stehen inzwischen schon in einer gewissen Tradition. Haben wir sie schon so sehr zum stehenden Repertoire jeder ökumenischen Begegnung gemacht, daß wir gar nicht mehr auf die Idee kommen, an die Konsequenzen zu denken, die sie uns abverlangen? Paulus nennt im 2. Korintherbrief sein Apostolat einen »Schatz in zerbrechlichen Gefäßen« (4, 7) – scheinen nicht die Gefäße unserer kirchlichen Selbstzufriedenheit sehr viel stabiler zu sein?

»Mit wem soll ich dieses Geschlecht vergleichen? Kindern gleicht es, die auf den Marktplätzen sitzen und den anderen zurufen: ›Wir haben euch aufgespielt, und ihr habt nicht getanzt! Wir haben Klagelieder gesungen, und ihr habt nicht an die Brust geschlagen!‹ Denn es kam Johannes. Er aß nicht und trank nicht. Da sagen sie: ›Er hat einen Dämon.‹ Es kam der Menschensohn. Er aß und trank. Da sagen sie: ›Seht den Schlemmer und Trinker, den Freund von Zöllnern und Sündern. Und es rechtfertigt sich die Weisheit in ihren Werken.‹ Darauf begann er, den Städten zu drohen, in denen die meisten seiner Machttaten geschehen waren, weil sie nicht umgekehrt waren.« (Mt 11, 16–20). Wie launische Kinder, die alle ihnen vorgeschlagenen Spiele abweisen, so lehnen die Juden alle Heilsangebote Gottes ab, die Bußstrenge Johannes des Täufers wie die Menschenfreundlichkeit Jesu. Zwar verwirklicht sich der weisheitsvolle Plan Gottes aus eigener Kraft und rechtfertigt so sich selbst. Jesu Urteil aber über seine Zeitgenossen ist vernichtend. Wird es über uns anders sein?

Ernst Chr. Suttner

BERICHT VON SYMPOSION

Vom 16. bis zum 20. Juli 1971 führte das Regensburger Ökumenische Symposion, das 1969 unter dem Thema »Eucharistie-Zeichen der Einheit« und 1970 unter dem Thema »Taufe und Firmung« zusammengetreten war[1], seine dritte Begegnung unter dem Thema »Buße und Beichte« durch. In seiner Zusammensetzung entsprach es den vorangegangen Treffen und umfaßte Fachleute aus mehreren orthodoxen theologischen Fakultäten und aus der katholischen Kirche des deutschen Sprachraums sowie Gäste aus anderen Kirchen. Die in den Vorjahren bewährte Art, auf das freundschaftliche Miteinander der Repräsentanten unterschiedlicher kirchlicher, nationaler und geographischer Herkunft ebenso Wert zu legen, wie auf die gemeinsame Arbeit, die in Referaten und Aussprachen ihren Niederschlag finden konnte, war auch diesmal charakteristisch und ließ das Symposion wieder gelingen.

Die Atmosphäre des Treffens kann ein Arbeitsbericht wie das vorliegende Buch nicht gebührend einfangen, handelte es sich doch um mehr als nur um angenehmes Arbeitsklima und gegenseitiges Respektieren, das die Aussprachen vor Konfrontation und Kampfstimmung bewahrte, wenn sich die Meinungen hart stießen. Es war ein Geist zu spüren, der die Teilnehmer zu einer Gemeinde hat werden lassen, die fortbesteht, nachdem die Arbeiten zum Abschluß kamen. Ausdrücklich und ohne Gegenstimme haben sich alle dazu bekannt, daß das Symposion diese Brüderlich-

[1] Referate und Berichte über die Aussprachen der beiden Treffen sind veröffentlicht in: Eucharistie – Zeichen der Einheit, Verlag F. Pustet, Regensburg 1970, 134 Seiten, und: Taufe und Firmung, Verlag F. Pustet, Regensburg 1971, 244 Seiten.

keit weiterpflegen soll, denn man sah in ihr eine teilweise Realisierung jener Einheit, die uns vom Herrn aufgetragen ist und an deren voller Verwirklichung mitzuhelfen wichtigster Auftrag des Symposions bleibt. Als Wegzeichen zu gesamtchristlicher Einheit war die Atmosphäre des Symposions sowohl Geschenk von oben, für das die Teilnehmer in ihren Gottesdiensten dankten, als auch Frucht menschlichen Tuns. Allen Beteiligten gebührt Dank, daß sie zu dieser Atmosphäre beitrugen. Besonderen Dank schuldet das Symposion diesbezüglich Herrn Dr. ALBERT RAUCH, dem Sekretär der Sektion Kirchen des Ostens in der Ökumenischen Kommission der Deutschen Bischofskonferenz, der die Last der Vorbereitung getragen und durch weit über Gebühr hinausgehenden Einsatz die harmonische Durchführung ermöglicht hatte. Ebenfalls ausschlaggebend war die Gastlichkeit auf Schloß Spindlhof, wo auch in diesem Jahr die theologische Arbeit geleistet wurde und Heimleitung wie Personal alles nur Denkbare taten, um für die brüderliche Begegnung günstige Voraussetzungen zu schaffen.

Auch in die theologische Arbeit des Symposions gibt dieses Buch nur beschränkten Einblick, weil es nur enthält, was aus den Beiträgen, die zum Symposion erbracht wurden, unmittelbar auf den Vollzug der Metanoia in den Gemeinden der Gegenwart Bezug nimmt. Außer den Referenten, deren Vorträge hier veröffentlicht sind, nahmen Vertreter anderer theologischer Disziplinen und an die Theologie grenzender Wissenschaften das Wort. Ihre Beiträge waren entscheidend für das Treffen; die vorliegende Publikation will aber im Unterschied zu den Veröffentlichungen über die beiden vorangehenden Symposien nicht aufzeigen, in welcher Breite man das Thema anging, sondern versuchen, aus der Fülle des Dargebotenen herauszugreifen, was im »Jetzt und Heute« den Kirchen helfen mag, dem Bußaufruf des Evangeliums nachzukommen. Die Mehrzahl der hier nicht aufgenommenen Referate wurde anderweitig publiziert.

Die Änderung in der Publikationsweise hängt nicht zuletzt mit der Absicht des Symposions zusammen, künftig vermehrt um seine Breitenwirksamkeit in den Kirchen besorgt zu sein. Dem galt schon die Tatsache, daß diesmal die Theologie auch bei den öffentlichen Veranstaltungen zu Wort kam. Hierauf bezog sich auch ein abschließendes Rundgespräch, das die bisherige Arbeitsweise überdachte und für die Zukunft plante[2].

Ein Einführungsreferat von Prof. Dr. HERMENEGILD M. BIEDERMANN umriß die zur Beratung anstehenden Themen und eröffnete die theologische Arbeit. Als Vorwort ist es diesem Buch vorangestellt, weil es dem Leser das Einordnen der publizierten Referate erleichtert und bei der Rückschau Erreichtes und offen Gelassenes abwägen hilft. Wie es die Beratungen anregte, kann es auch den Auftakt für die Nacharbeit geben.

Der erste Arbeitstag, der 17. Juli, stand im Zeichen von Exegese und Vätertheologie. Aus dem Alten und Neuen Testament und aus der griechischen, lateinischen und syrischen Väterliteratur wurden Beiträge erbracht, die den Stellenwert der Symposionsthematik innerhalb der christlichen Heilsbotschaft aufweisen und Hilfen für ein möglichst vielseitiges Erfassen der Problematik von Buße und Beichte in der Situation der Kirche von heute vorbereiten sollten. Es ergab sich, daß der Aufruf zur Buße, der die kirchliche Lehre aller Zeiten nicht weniger zentral bestimmt als die Botschaft der heiligen Schrift, schon in sehr früher Zeit gegensätzliche theologische Auslegungen und eine sehr auseinandergehende kirchliche Praxis in verschiedenen Provinzen der alten Kirche zeitigte. Prof. Dr. HEINRICH GROSS zeigte an den Propheten Jeremia und Ezechiel auf, wie sehr die Umkehr im Mittelpunkt alt-

[2] Vgl. E. Chr. Suttner, Drittes Regensburger Ökumenisches Symposion, in: Kyrios 11 (1971) Heft 3/4. Der christliche Osten 26 (1971), 109; Kirchliches Jahrbuch für die Alt-Katholiken in Deutschland 1972, 30.

testamentlicher prophetischer Verkündigung steht[3]. Über Metanoia im Neuen Testament referiert Prof. Dr. GEORG GALITIS[4]. Dr. KONSTANTIN DRATSELLAS, den leider Erkrankung am Vortrag hinderte, hatte dem Symposion ein Manuskript unterbreitet, das sich mit der Metanoialehre der Kirchenväter, hauptsächlich der Griechen, befaßte. Daß in orthodoxer Sicht – wie die Referate im vorliegenden Buch zeigen – die medizinale Bedeutung der Buße und die ärztliche Rolle des Beichtpriesters deutlicher herausgehoben wird, als man dies in den westlichen Kirchen gewöhnt ist, hat seine Gründe bereits in der Väterzeit, denn schon bei Klemens von Alexandrien standen hauptsächlich Läuterung und Heilung im Blickpunkt, wenn er von der Buße sprach, während der Westen von Anfang an mehr an die Sühne dachte. Sehr anregend war ein von Prof. Dr. HERMANN-JOSEF VOGT unternommener Vergleich der Bußauffassungen bei Cyprian und Origenes[5], von denen einer fast nur den sakramentalen Vollzug der Buße kennt und daher die Bußübung der Gläubigen völlig in Abhängigkeit vom Handeln der kirchlichen Amtsträger sieht, während dem anderen der sakramentale Vollzug der Buße nur als ein letzter Ausweg in höchster Hilflosigkeit erscheint, den die Mehrzahl der Sünder gar nicht zu gehen braucht. Für das Ineinander von Buße und Bußsakrament ergaben sich daraus Gesichtspunkte, die in der augenblicklichen innerkatholischen Diskussion um die Verwaltung

[3] Sein Referat »Umkehr im Alten Testament. (In der Sicht der Propheten Jeremia und Ezechiel)« ist aufgenommen in die Festschrift: Zeichen des Glaubens. Studien zu Taufe und Firmung (Festschr. für B. Fischer), Freiburg/Einsiedeln 1972.

[4] Das Referat ist publiziert in: Der christliche Osten 26 (1971), 113–118.

[5] Zu Origenes gab Prof. Vogt eine Zusammenfassung der für die Buße wichtigen Ergebnisse aus seiner in Druck befindlichen Arbeit über das Kirchenverständnis des Origenes und setzte sie in Beziehung zu den bekannten Cypriantexten, aus denen das Kirchenamtliche im Bußverständnis des afrikanischen Kirchenvaters hervorgeht.

des Bußsakraments Beachtung finden sollten. Prof. Dr. WILHELM DE VRIES ergänzte die patrologischen Ausführungen durch ein Referat zur syrischen Theologie. Bei seiner Berichterstattung über die Tradition der westsyrischen Kirche ergab sich, daß diese das Sündenbekenntnis vor dem Priester wegen eines Bruchs des Beichtsiegels, der schweres Unglück heraufbeschwor, kurzerhand abschaffte, aber damit keineswegs den sakramentalen Vollzug der Buße in Frage stellte. So sahen sich die Teilnehmer genötigt, die Selbstverständlichkeit in Frage zu stellen, mit der man üblicherweise voraussetzt, daß zwischen Lossprechung von Sünden durch einen Amtsträger der Kirche und einem mehr oder weniger ausführlichen Sündenbekenntnis vor ihm ein unaufgebbarer Zusammenhang bestünde[6].

Am Sonntag, dem 18. Juli, trat das Symposion in Regensburg an die Öffentlichkeit. In Anwesenheit von Bischof Dr. RUDOLF GRABER, mit dem er den Vorsitz des Symposions teilte, feierte Metropolit Dr. JAKOVOS TSANAVARIS, der Bischof der Griechen in der Bundesrepublik, unter Assistenz von Priestern aus verschiedenen orthodoxen Kirchen in der stilvollen St.-Ulrichs-Kirche ein Pontifikalamt, bei dem er für die griechische Pfarrei von München einen Diakon weihte. Daran schloß ein Festvortrag von Prof. Dr. JOSEPH RATZINGER über »Metanoia als Grundbefindlichkeit christlicher Existenz«. Der Vortrag ist in diesem Band enthalten. In einleitenden Worten hatte Metropolit Dr. JAKOVOS TSANAVARIS den Übergang vom Gottesdienst zum Thema »Metanoia« hergestellt und den Gästen aus der Stadt den Zusammenhang des Festvortrages mit den Arbeiten des Symposions erläutert. Eine abendliche Festakademie desselben Tages war der Gestalt des Büßers in den Kirchen des Ostens und Westens gewidmet. Bischof Dr. RUDOLF GRABER, der den Vorsitz führte, sprach einleitend von alten Beziehungen Regensburgs zur östlichen Christenheit, hob hervor, »daß die ökumenische

[6] Das Referat ist publiziert in: Ostkirchliche Studien 20 (1971), 273–279.

Arbeit nicht im Dialog zwischen Rom und Wittenberg allein erfolgen sollte, sondern sozusagen im Dreieck mit der Blickrichtung auch auf Byzanz«, und benannte Konsequenzen, die sich ihm aus dieser Forderung ergeben[7]. Festlichen Rahmen gewann der Abend, weil der Chor der byzantinischen Dekanie der Abtei Niederalteich, der unter Leitung von P. IRENÄUS TOTZKE bereits beim Pontifikalamt gesungen hatte, verschiedene Bußgesänge der orthodoxen Kirche vortrug. Prof. Dr. DUMITRU STANILOAE zeigte an der Gestalt des Mönches und Bischofs Calinic aus dem 19. Jahrhundert, den die rumänische Kirche jüngst heiligsprach, eine harte Aszese auf, die nicht einer individualistischen Selbstvervollkommnung, sondern dem Freiwerden von Selbstsucht für den Dienst am Nächsten diente und tiefste Innerlichkeit mit einem als Tugend bewerteten sachgerechten Handeln im wirtschaftlichen Bereich zu verbinden wußte[8]. Im Anschluß daran verwies Prof. Dr. FAIRY VON LILIENFELD in ihrem Vortrag, der in diesem Buch enthalten ist, auf eine »Ökumene der Buße«, in der man etwas wie einen Vorläufer unserer ökumenischen Bewegung sehen kann und einen freilich noch ungenügenden, aber doch ernsthaften Versuch, Metanoia nicht nur von Individuen, sondern, wie wir heute sagen würden, von ganzen Gesellschaftssystemen zu fordern. Ein Lichtbildervortrag von Dr. WILHELM NYSSEN über den Büßer schloß den Abend.

Stand bisher die Metanoia überhaupt im Blickpunkt, so wandte man sich am Montag, dem 19. Juli, an dem in Schloß Spindlhof wieder interne Beratungen stattfanden, hauptsächlich dem Bußsakrament und seiner Verwaltung

[7] Die Ansprache ist publiziert in: Der christliche Osten 26 (1971), 110. Sie fand in der Forderung auf Ausweitung des ökumenischen Gesprächs zum »Trialog« erfreuliches Echo aus evangelischer Sicht: vgl. den Bericht zum Symposion von *F. von Lilienfeld* in: Nachrichten der evang.-lutherischen Kirche in Bayern 26 (1971), 330.

[8] Der Vortrag ist veröffentlicht in: Der christliche Osten 26 (1971), 110–112.

zu. Ein erster Vortrag von Dr. JOACHIM HORN hatte »Beichte und Psychotherapie« zum Thema und mühte sich um das Verständnis und die Struktur des therapeutischen Handelns[9]. Die weiteren Vorträge des Tages gaben Einblick in vielgestaltige Möglichkeiten der Beichtpraxis, die sich die einzelnen Kirchen schufen, und in verschiedenartige Versuche, Buße und Umkehr ins konkrete Gemeindeleben einzubringen und in der Kirche bestimmter Länder und Kulturkreise zum Tragen kommen zu lassen. Aus liturgiewissenschaftlicher Sicht referierte Prof. Dr. EVANGELOS THEODOROU über die Beichte in den Kirchen byzantinischer Tradition. Prof. Dr. DUMITRU STANILOAE zeichnete das Ideal vom Beichtgespräch, das die Philokaliabewegung hegt, jene intensive geistliche Schule, die im vorigen Jahrhundert im Gefolge einer Wiederbelebung des hesychastischen Schrifttums in der Orthodoxie heranwuchs und in den letzten Jahrzehnten auch im Westen Anhänger fand. Übereinstimmend fanden die Teilnehmer, daß diese Darlegungen allen Beichtvätern Ansporn sein müssen und Anregungen geben, wenngleich man die Forderungen, die dieser Vortrag an Weisheit, Reife und Frömmigkeit des Beichtvaters stellte, als zu hoch gegriffen bewertete für den Fall, daß man die Ausführungen zur Norm für jeden Seelsorgspriester machen wollte. Im Lauf anschließender Gespräche ergab sich, daß dem Referenten gut überschaubare, kleine und in sich geschlossene Pfarrgemeinden vorschwebten, den Bedenken anmeldenden Symposionsteilnehmern hingegen die anonymen Großpfarreien der mobilen Industriegesellschaft. Das Symposion mußte sich so der unterschiedlichen Situationen entsinnen, aus denen die einzelnen Teilnehmer kommen, und die sehr maßgeblich zu berücksichtigen sind, wenn über Hilfen und Anregungen für die Pastoration nachgedacht wird. Dies trat erneut zutage, als Dr. ANTONIOS ALEVISOPOULOS über Buße und Beichte in Pastoral und Katechese sprach und die Gedan-

[9] Der Vortrag wird veröffentlicht in: Wege zum Menschen 25 (1973).

ken vortrug, die seine Kirche jenen nahegelegt, die sich für das Amt des Beichtpriesters (das nicht jeder griechische Pfarrer ausübt) rüsten; das zugrundeliegende Vaterbild entsprach nicht allen Symposionsteilnehmern. DIMITRIJE KALESIĆ trug aus der Erfahrung der serbischen Kirche zum Symposion bei. Pfarrer WYNFRITH NOLL berichtete aus der Praxis der Altkatholiken mit der neuerdings in der römisch-katholischen Kirche intensiv und in der Orthodoxie gelegentlich diskutierten und praktizierten »allgemeinen Beichte«. Interessanterweise führte W. Noll eine Stellungnahme seiner Kirche bezüglich des Unterweisens bei der Beichte an, die vieles von dem auszuschließen scheint, was D. Staniloae für die Intensivierung der Beichte dringend anrät. So ergab sich abermals, wie stark sich die Wege jener Kirchen unterscheiden können, die sich über das Bußsakrament im Grundsätzlichen einig sind. Die benannten Aufsätze, die sich insgesamt mit heutigen Anliegen der Bußverwaltung befassen, sind vollzählig in das vorliegende Buch aufgenommen. Prof. Dr. PETER MEINHOLD referierte in diesem Zusammenhang zum Thema: »Die Erneuerung von Buße und Beichte als reformatorisches Anliegen«. Nach einer ausführlichen Darstellung der Buß- und Beichtauffassung in der Reformationsperiode gab er Einblick in die konkreten Gestaltungen des Bußwesens im lutherischen Protestantismus[10].

Die Fülle der eingebrachten Beiträge nötigte, am Dienstag länger bei der Thematik des Vortags zu verweilen, so daß die für den Schlußtag vorgesehene Rückkehr zum übergreifenderen Thema der Buße und die Aussprache nicht mehr im beabsichtigten Umfang statthaben konnten. Aus anthropologischer Sicht charakterisierte Prof. Dr. FERDINAND ULRICH die Metanoia als Wiedergeburt der Frei-

[10] Unter dem Titel »Entwicklung des Bußwesens und Handhabung der Beichte im lutherischen Protestantismus« ist der 2. Teil seines Vortrags in diesem Buch veröffenlicht. Ungekürzt ist der Vortrag publiziert in: KNA. Kritischer ökumenischer Informationsdienst, Nr. 15, 16, 17 (1972).

heit. Nach der theologischen Grundlegung und den Ausführungen zur pastoralen Praxis, die an den Vortagen geboten wurden, fragte er nach dem Stellenwert der Metanoia für das Menschenbild und legte dar, welcher *Dienst am Menschen* der Kirche aufgegeben ist, indem ihr die Predigt der Metanoia aufgetragen wurde. Ein Forumsgespräch unter der Leitung von Dr. ALBERT RAUCH zum Thema »Metanoia als Anliegen der Ökumenischen Bewegung« sollte den Bogen spannen vom Thema des Treffens zur Suche nach größerer christlicher Einheit, zu jenem Anliegen unserer Zeit, in dessen Dienst das Regensburger Ökumenische Symposion von seinen Gründern gestellt wurde; zugleich sollte es die Schlußaussprache in Gang bringen. Drei Teilnehmer trugen zur Einleitung kurzgefaßt die Thesen vor, daß die irdische Kirche erst auf dem Weg zur Heiligkeit und noch weit ab von der Fülle der Gottesherrschaft sei und deshalb sie selber »semper reformanda« bleibe, keinesfalls nur ihre Glieder (Dr. ERNST CHR. SUTTNER); daß der von vielen Orthodoxen erhobene Anspruch, ihre Kirche sei im Vollbesitz der Wahrheit und Heiligkeit und nur in den Gliedern noch zu reformieren, nur ein Theologumenon darstelle, nicht aber verbindliche Aussage der orthodoxen Kirche über sich selbst (GEORG FARANDOS); daß die Pflicht zur Ausübung der Buße durch die Kirchen in ökumenischen Dokumenten treffend gesagt, in der Praxis der Kirchen, die diese Dokumente unterschrieben, aber so gut wie ignoriert worden sei (lic. theol. CHRISTINE BARON)[11]. Ein Teilnehmer schnitt daraufhin die Frage an, ob die orthodoxe und die katholische Kirche dadurch Metanoia zu üben vermöchten, daß sie das Kirchenverständnis aufgäben, das in ihnen selbst die alleinige Kirche sieht und alle übrigen zur Rückkehr verpflichtet. Sofort kam damit die Plenumsdiskussion in Gang. Katholiken verwiesen auf Aussagen des 2. Vatikanischen Konzils, die An-

[11] Die in der nachfolgenden Diskussion besonders besprochenen Thesen wurden in diesen Band aufgenommen.

sätze für eine Umorientierung bieten; Orthodoxe führten kirchenamtliche Ereignisse der letzten Jahre an, die ebenfalls einer Wandlung in den Auffassungen Ausdruck verleihen. Doch war man sehr vorsichtig im Urteil über das Ausmaß, in dem die neue Denkweise bereits die Kirchen bestimmt. Als das Gespräch sich für kurze Zeit der Frage zuwandte, ob »klein werden wie ein Kind« oder »hineinwachsen in die Theosis und Vollendung« die bessere Aussageweise für das Ziel der Metanoia abgebe, wurde deutlich, daß wegen der Fülle von Beiträgen die Aussprache auf diesem Symposion zu kurz gekommen war, so daß noch von den Vortagen her Themen zum Gespräch anstanden. Ein Teilnehmer, der die »Kraft der Schwäche«, die fähig bleibt, sich prägen und formen zu lassen und Neues in sich aufzunehmen, pries, und die »Schwäche der Kraft« einer Pseudo-Theosis anprangerte, die starr alles andere abstößt und darum Agressionen provoziert, wo sie meint, die Einheit und Einigkeit zu fördern, vermochte die beiden Bilder so weit zu verbinden, daß das Gespräch wieder zum Tagesthema zurückfand. Ob die Kirche als makellos heilig anzusehen sei und nur gesagt werden dürfe, daß die Glieder der Kirche sündigten und der Buße bedürften, oder ob sich nicht doch *die Kirchen* in ihrer Geschichte mit Schuld beluden und deswegen in vollem Sinn Metanoia zu üben haben, beherrschte im weiteren Verlauf das Gespräch. Die Symposionsteilnehmer konnten keine gemeinsame Auffassung finden. Da schließlich Zeitmangel zum Abbruch der Diskussionen zwang, mußte man das Thema von der Bußverpflichtung für die Kirche als offenes Anliegen mit nach Hause nehmen. Einhellig hatte man in der Metanoia die Kraft gesehen, die das ungute Selbstbewußtsein der zerstrittenen Christen zu erschüttern vermag. Da man auseinanderging mit der offenen Frage nach der Radikalität des Aufrufs zur Buße, schlossen die Teilnehmer das Symposion mit dem Auftrag an sich selbst, das Evangelium Christi intensiver nach unserer Verpflichtung auf das zu befragen, was uns mit Sicherheit einander näherbringen wird.

DIE REFERENTEN

Dr. Antonios ALEVISOPOULOS (griech.-orth.), Abteilungsleiter an der Hl. Synode, Athen

Lic. theol. Christine BARON (kath.), Doktorandin am Ökumenischen Institut Bossey/Universität Genf

Prof. Dr. Hermenegild BIEDERMANN (kath.), Professor für Ostkirchenkunde an der Universität Würzburg

Dr. Konstantin DRATSELLAS (griech.-orth.), Lektor für Neugriechisch an der Universität Regensburg

Georg FARANDOS (griech.-orth.), Doktorand an der Universität Würzburg

Prof. Dr. Georg GALITIS (griech.-orth.), Professor für Neues Testament an der Universität Thessaloniki

Dr. Rudolf GRABER (kath.), Bischof von Regensburg

Prof. Dr. Heinrich GROSS (kath.), Professor für alttestamentliche Wissenschaften an der Universität Regensburg

Dr. Joachim HORN (ev.), Privatdozent für Philosophie, Regensburg

Dimitrije KALESIĆ (serb.-orth.), Sekretär der Theologischen Fakultät Belgrad

Prof. Dr. Fairy VON LILIENFELD (ev.), Professor für Geschichte und Theologie des christlichen Ostens an der Universität Erlangen

Prof. Dr. Peter MEINHOLD (ev.), Professor für Kirchen- und Dogmengeschichte an der Universität Kiel

Wynfrith B. NOLL (altkath.), Pfarrer in Regensburg

Dr. Wilhelm NYSSEN (kath.), Studentenpfarrer in Köln

Prof. Dr. Joseph RATZINGER (kath.), Professor für Dogmatik und Dogmengeschichte an der Universität Regensburg

Dr. Albert RAUCH (kath.), Sekretär der Sektion Kirchen des Ostens in der Ökumenischen Kommission der Deutschen Bischofskonferenz

Prof. Dr. Dumitru STANILOAE (rum.-orth.), Professor für Dogmatik am Theologischen Institut Bukarest

Dr. Ernst Chr. Suttner (kath.), Assistent am Seminar für Ostkirchenkunde der Universität Würzburg

Prof. Dr. Evangelos Theodorou (griech.-orth.), Professor für Praktische Theologie an der Universität Athen

Dr. Jakovos Tsanavaris † (griech.-orth.), Metropolit von Deutschland

Prof. Dr. Ferdinand Ulrich (kath.), Professor für Philosophie an der Pädagogischen Hochschule Regensburg

Prof. Dr. Hermann-Josef Vogt (kath.), Professor für alte Kirchengeschichte an der Universität Tübingen

Prof. Dr. Wilhelm de Vries (kath.), Professor für orientalische Kirchengeschichte am Orientalischen Institut in Rom

HINWEISE
AUF WEITERE SYMPOSIONSBEITRÄGE

GEORG GALITIS
Metanoia im Neuen Testament
in: Der christliche Osten 26 (1971), 113–118

BISCHOF RUDOLF GRABER
Eröffnungsansprache zur Festakademie
in: Der christliche Osten 26 (1971), 110

HEINRICH GROSS
Umkehr im Alten Testament. (In der Sicht der Propheten Jeremia und Ezechiel)
in: Zeichen des Glaubens. Studien zu Taufe und Firmung. (Festschrift für B. Fischer), Freiburg/Einsiedeln 1972

JOACHIM HORN
Beichte und Psychotherapie
in: Wege zum Menschen 25 (1973)

PETER MEINHOLD
Die Erneuerung von Buße und Beichte als reformatorisches Anliegen
in: KNA. Kritischer ökumenischer Informationsdienst Nr. 15, 16, 17 (1972)

DUMITRU STANILOAE
Calinic von Cernica, ein Büßer der rumänisch-orthodoxen Kirche
in: Der christliche Osten 26 (1971), 110–112

WILHELM DE VRIES
Buß- und Beichtpraxis bei Ost- und Westsyrern
in: Ostkirchliche Studien 20 (1971), 273–279